종교와 평화

종교와 평화

평화와 통일을 위한 종교의 역할

이재봉
김영주
강주석
도 법
원익선
노태구
김수민

열린서원

- 이재봉

원광대학교 명예교수. 미국 하와이대학교에서 1994년 정치학 박사 학위를 받았다. 1996년부터 원광대학교에서 정치외교학과 교수로 미국 정치, 국제 관계, 북한 사회, 통일 문제, 평화학 등을 강의하다 2020년 정년 퇴임했다. 남이랑북이랑, 남북평화재단, 통일경제포럼, 한반도평화경제회의 등 시민단체를 통해 평화운동가, 통일운동가로 활동해왔다. '평화적 수단에 의한 통일'을 주장하며 민족화해와 평화통일을 추구한 노력으로 2019년 한겨레통일문화상을 받았다. 번역한 책으로 『평화적 수단에 의한 평화』, 지은 책으로 『두 눈으로 보는 북한』, *Korea: The Twisting Roads to Unification*, 『이재봉의 법정 증언』, 『문학과 예술 속의 반미』(2018), 『평화의 길, 통일의 꿈』, 『통일대담』 등이 있다.

- 김영주

감리교 목사로 현재 한국기독교사회문제연구원(기사연) 원장과 남북평화재단 이사장으로 일하고 있다. 1970년대 농촌 교회 목회를 시작으로 14년간 개체 교회 목회자의 길을 걸어왔다. 한국 사회의 민주화 운동에 집중하기 위해 개체 교회를 떠나 한국기독교교회협의회(NCCK)와 감리교 본부에서 인권, 평화, 통일과 교육에 관한 일을 맡았다. 분단 극복 없이는 인권 신장이나 민주화를 이룰 수 없다는 생각으로 평화통일 문제를 인생의 화두로 삼고, 종교, 학계, 문화, 시민 사회 지도자들과 함께 남북평화재단을 설립하였다. 이를 위한 이론적 기반을 갖추기 위해 북한대학원대학교에서 북한학 박사 학위를 받았다. 주요 경력으로는 기독교대한감리회 교육국 총무, NCCK 총무, 한국종교인평화회의 상임 대표 등을 역임했으며, 주로 통일 운동 단체인 남북나눔운동본부, 겨레

하나를 비롯한 제 단체의 이사로 봉사하고 있다. 기독교 에큐메니컬 권을 대표해 여러 차례 북한을 방문해 조선그리스도교연맹 대표들과 교류했다.

- 강주석

천주교 의정부교구 신부로 2002년 사제품을 받았다. 미국 미네소타주의 세인트 토마스 대학교에서 '정의 평화학(Justice and Peace)'을 공부했고, 북한대학원대학교에서 북한학 박사 학위를 받았다. 광적성당 주임 신부를 거쳐 2015년 9월부터 천주교 의정부교구 민족화해위원 장과 가톨릭동북아평화연구소장직을 맡고 있다. 현재 한국천주교주교회의 민족화해위원회 총무와 민족화해주교특별위원회 총무를 겸직하고 있다.

- 도법

실상사 회주 스님 겸 인드라망생명공동체 상임 대표. 1990년 청정 불교운동을 이끈 개혁승가결사체 선우도량을 만들었다. 1995년부터 2004년까지 실상사 주지를 맡으며 1998년부터 귀농 전문학교를 설립 했다. 1999년 인드라망생명공동체를 창립하면서 귀농 운동 차원을 넘어 생활협동조합, 대안교육, 생명평화운동 등으로 활동 영역을 넓혀 갔다. 2004년부터 생명평화 탁발순례의 길을 떠나 5년간 3만 리를 걸으며 8만 명의 사람을 만나 생명평화의 가치를 전했다. 2010년부터 대한불교조계종 화쟁위원장, 자성과 쇄신결사 추진본부장 등을 맡아 다툼 없고 평화로운 사회로 가는 길을 만드는 데 힘썼다. 저서로 『화엄경과 생

명의 질서』, 『길 그리고 길』, 『화엄의 길, 생명의 길』, 『그물코 인생 그
물코 사랑』, 『내가 본 부처』, 『망설일 것 없네 당장 부처로 살게나』,
『부처를 만나면 부처를 죽여라』, 『지금 당장』, 『붓다, 중도로 살다』 등
이 있다.

- 원익선

　원불교 교무이며, 속명은 원영상으로 원광대학교 원불교학과 교수 겸
평화연구소장 그리고 한국불교학회 부회장을 맡고 있다. 2006년 교토
불교대학에서 불교학으로 문학 박사 학위를 받았다. 종교와 국가 관계,
일본 불교의 역사와 사상, 불교와 원불교 관계 등을 연구하고 있다. 최
근에는 경북 성주군 소성리의 사드(THAAD) 철폐 운동을 비롯한 종교
의 사회 참여 현장에도 뛰어들고 있다. 「경향신문」, 「법보신문」 등 여
러 언론 매체에 불법(佛法)의 입장에서 국가와 자본주의의 문제, 정의와
평화 문제를 어떻게 구현할 것인가를 주제로 기명 칼럼을 쓰고 있다.
저서로는 『아시아불교 전통의 계승과 전환』(공저), 『佛教大学国際学術
研究叢書: 仏教と社会』(공저), 『일본불교의 내셔널리즘의 기원과 역사,
그리고 그 교훈』, 『근대일본의 화엄사상과 국가』, 『소태산 박중빈의 불
교개혁사상에 나타난 구조고찰』 등이 있다.

- 노태구

　천도교 직접도훈이며 경기대학교 명예교수이다. 고려대학교 법학과를 졸업한 뒤 고려대학교에서 정치학 박사를 받고, 중국 중앙민족대학교에서 민족학 박사를 받았다. 경기대학교 사회과학대학장, 평교수협의회장, 민족사상연구소장, 민족통일학회장 등을 역임했다. 중국 대외경제무역대학 교환 교수, 러시아 블라디보스토크 극동대학 교환 교수, 영국 옥스퍼드대학교 연구 교수, 미국 조지워싱턴대학교 연구 교수를 지냈다. 천도교 직접도훈으로 동학민족통일회 공동의장을 지내고 동학학회를 설립했다. 그리고 한뿌리사랑 세계모임 이사장, 희망시민연대 이사장, 새날희망연대 공동 대표, 동학마당 상임 대표를 맡고 있다. 저서로 『한국정치학의 토착화』, 『왜 이념당(천도교 청우당) 건설인가?』, 『통일과 인간중심의 정치학』, 『민족통일학: 발전의 변증법』 등이 있다.

- 김수민

　통일교도로 선문대학교 명예교수이다. 동국대학교 정치외교학과와 동대학원 정치학과를 졸업하고 미국 하와이대학교에서 정치학 박사 학위를 받았다. 1999년부터 선문대학교 북한학과 교수로 재직했으며 학과 명칭 변경으로 동북아학과, 글로벌 한국학과에서 북한 정치와 사회, 남북한 통일 정책, 동북아 국제 관계, 평화학 등을 강의하다 2019년 정년 퇴임했다. 미국 체류 당시 세계문제연구소에서 해외한민족회의 등을 주관했으며 선문대학교에서는 국제평화대학장, 교무처장을 역임했다. 『남북 화해와 민족통일』(공저), 『비살생 정치학과 지구 평화운동』(공저) 등외에 "김정은 정권의 내구성 연구" 등의 논문이 있다.

| 차례 |

통일부 지원으로 원광대학교에 2019년 1학기 〈명사초청 통일대담〉이라는 교양 과목을 신설했다. "역사와 문학과 예술을 통해 생각해 보는 평화와 통일"을 주제로 역사학자, 문인, 예술가 등을 초청해 얘기를 나누었다. 이전부터 일방적 강의보다 토론식 수업이 더 효율적이고, 혼자 강의하는 것보다 둘이 대담하며 진행하는 수업의 호응도가 훨씬 크다는 것을 실감했다.

2020년 정년퇴임을 하고서도 더 멋진 대담 수업을 진행해보고 싶었다. 다행히 통일부 지원을 다시 받아 똑같은 이름의 교양 과목을 2021년 1학기에도 개설할 수 있었다. 주제를 "평화와 통일을 위한 여성과 종교의 역할"로 잡았다. 여성계와 종교계 명사들을 초청해 얘기를 주고받았다. 이 책엔 종교 분야만 담기로 하고, 종교 내의 여성 차별 문제를 포함했다.

제1장은 나 혼자 "종교와 평화: 폭력 없는 세상을 위하여"라는 주제로 강의한 내용이다. 종교의 평화성, 종교 간의 폭력인 종교 전쟁, 종교 내의 폭력인 여성 차별, 그리고 종교인들의 비폭력 저항 등을 다루었다.

제2장은 김영주 목사와 평화와 통일을 위한 개신교의 역할에 관해 대담한 내용이다. 민주화 및 평화와 통일 관련 시민운동에 오랫동안

몸담아오면서 남북평화재단 이사장, 한국기독교교회협의회(NCCK)총무, 한국종교인평화회 대표 회장 등을 지냈다. 북한 사회 및 통일 문제에 관심 갖고 북한학 박사 학위도 받았다. 종교 간 전쟁, 개신교 내의 분열과 여성 차별, 북한의 개신교 현황, 통일을 위한 개신교의 역할 등에 관해 얘기했다.

제3장은 강주석 신부와 평화와 통일을 위한 천주교의 역할에 관해 대담한 내용이다. 천주교 주교회의 민족화해위원회 총무와 가톨릭동북아평화연구소장을 맡고 있으며 북한학 박사이기도 하다. 천주교 내의 여성 차별, 천주교인들의 현실 정치 참여, 북한 천주교에 대한 시각, 로마 교황청과 북한의 관계, 프란치스코 교황의 방북 문제, 통일을 위한 천주교의 역할 등을 얘기했다.

제4장은 도법 스님과 평화와 통일을 위한 불교의 역할에 관해 대담한 내용이다. 실상사 회주 스님으로 인드라망생명공동체 상임 대표를 맡고 있다. 조계종 화쟁위원장, 생명평화 탁발순례단장 등을 지냈다. 내가 지리산 실상사를 방문하여 오랜 시간 불교의 생명평화운동, 화쟁사상 및 화쟁의 길, 불교 내의 갈등과 여성 차별, 통일을 위한 불교의 역할 등에 관해 깊은 얘기를 나누었다.

제5장은 원익선 교무와 평화와 통일을 위한 원불교의 역할에 관해 대담한 내용이다. 원광대학교 원불교학과 교수로 평화연구소장을 맡고 있다. 원불교 평화 행동 활동가이며 「경향신문」에 오랫동안 종교 관련 칼럼을 써오고 있다. 원불교의 중도주의와 중립화 통일, 원불교의 남녀평

등, 원불교의 대북지원 활동 및 원불교인들의 평화와 통일 운동, 원불교 성지에 설치된 고고도 미사일 방어망(THAAD) 반대 운동 등을 다루었다.

제6장은 노태구 직접도훈과 평화와 통일을 위한 천도교의 역할에 관해 대담한 내용이다. 경기대학교 정치외교학 명예교수로 민족사상연구소장을 맡고 있다. 민족통일학회장, 동학민족통일회 공동의장 등을 지냈다. 동학과 천도교, 남한과 북한의 천도교 교세와 위상, 천도교 최고 지도자들의 월북, 남북교류와 평화통일을 위한 천도교의 역할 등에 관해 얘기했다.

제7장은 김수민 선문대학교 명예교수와 평화와 통일을 위한 통일교의 역할에 관해 대담한 내용이다. 통일교에 오랫동안 몸 담아 왔으며 선문대학교 북한학 명예교수로 선문대학교 평화대학장, 한국평화연구학회장 등을 지냈다. 통일교가 이단 또는 사이비 종교로 간주되는 배경과 이유, 통일교가 과거엔 '승공'을 내세웠지만 요즘은 '평화'를 앞세우는 이유, 문선명 목사와 고르바초프 및 김일성과의 만남, 통일교의 대북협력 사업 등에 관해 얘기했다.

제 **1** 장

종교와 평화

: 폭력 없는 세상을 위하여

1. 종교의 평화성

2018년 11월 1일부터 7일까지 캐나다 토론토에서 열린 세계
종교의회(2018 Parliament of the World's Religions)에 참가
했다. 한반도 평화에 관한 글을 발표하기 위해서였다. 전체 회의
주제는 통합(inclusion), 사랑(love), 이해(understanding), 화해
(reconciliation), 변화(change) 등 이었다.

수천 명의 종교인과 종교 학자들이 모인 토론토 컨벤션센터 복
도에 대형 게시판들이 걸려 있었다. 각 종교의 가장 큰 특징을
홍보했다. 그 가운데 '평화'와 '비폭력'을 강조하지 않는 종교는
없었다. 종교 전체를 홍보하는 첫 번째 게시판엔 폭력은 남들과의
차이를 조정하거나 해결하는 수단이 될 수 없다는 문구가 담겨
있었다. 살생하지 말고 생명을 존중하라는 글귀도 있었다.

유대교 게시판은 살생 금지를 포함한 모세의 '십계명(The Ten

Commandments)', 이웃을 자신처럼 사랑하라는 「레위기」 19장 18절, 악을 버리고 선을 행하며 평화를 추구하고 따르라는 「시편」 34장 14절 등을 앞세웠다.

기독교 게시판은 예수의 '산상설교' 가운데 평화를 만드는 사람들은 축복받을 것이라는 「마태복음」 5장 9절, 오른뺨을 치면 왼뺨도 치게 하고 저고리를 원하면 외투도 주라는 「마태복음」 5장 40절, 원수를 사랑하고 너를 박해하는 사람들을 위해 기도하라는 「마태복음」 5장 44절 등을 내세웠다.

이슬람 게시판은 신의 이름으로 자비와 동정을 강조하는 경전 『코란』 및 '회교도 의무사항(The Muslim Code of Duties)'을 내걸었다.

불교 게시판은 맨 앞에 생물의 살생을 금지하는 '불교 5계(五戒, The Five Precepts of Buddhism)'를 강조했다. 남을 해치지 않으려는 등 바른 의지를 갖고, 거친 말을 삼가는 등 바른말을 하며, 생물을 살생하지 않는 등 바른 행동을 하라는 지침을 포함한 '8정도(八正道, The Eightfold Path)'도 포함했다.

힌두교 게시판은 '요가의 길(The Yoga Way)' 첫 번째 덕목으로 비폭력(a-himsa)을 강조했다.

이렇듯 이 세상 모든 종교는 평화와 비폭력을 지향하고 추구한다. 경전에서 폭력과 전쟁을 부추기는 종교는 없다.

2. 종교 간 폭력: '거룩한 전쟁(holy war)' 또는 종교 전쟁(religious war)

　인류 역사상 전쟁의 가장 큰 원인은 대개 민족과 종교에서 찾을 수 있다. 핏줄이 다르고 종교가 다르다는 이유로 끔찍한 살상을 저질러 온 것이다.

　세계엔 대략 2,000종의 민족이 있다고 한다. 국가는 200개가 좀 넘는다. 이 가운데 단일 민족으로 이루어진 국가는 20개 정도다. 평균 10종의 민족이 한 국가를 이루고 있는 셈이다. 그러기에 모든 민족이 자신들의 국가를 가지려면 국가의 수가 민족의 수만큼 2,000개 정도로 늘어나야 할 것이다. 예를 들어, 동유럽의 유고슬라비아는 1991년부터 슬로베니아, 크로아티아, 마케도니아, 보스니아 헤르체고비나, 세르비아, 몬테네그로, 코소보 등으로 분리 독립했다. 50종 이상의 민족으로 이루어진 중국에서는 티베트나 신장 위구르가 분리 독립을 추구해 오고 있다. 그런데 독립하는 과정에서 대개 전쟁이 일어났다. 세계 모든 민족이 저마다 국가를 세우려면 적어도 1,800번 정도의 전쟁이 일어날 가능성이 크다. 민족주의의 가장 부정적 측면이다.

　전쟁을 일으키는 두 가지 핵심 요인 가운데 민족보다 심각한 게 종교다. 전쟁의 70~80%가 종교 때문에 일어났다. 종교 간의 불화와 갈등이 전쟁을 불러온 것이다. 지난날 '성전(聖戰: holy war)'이라는 이름으로 크고 작은 전쟁이 얼마나 숱하게 저질러졌는가. 종교 분쟁은 다른 분쟁보다 더 격렬한 충돌을 불러오는 경우가 많았다. 많은 종교가 목표로서의 평화는 중시하면서도 과정으로서의 평화는 소홀히 해왔다는 뜻이다. 정의를 세우고 평화를 성취한다는 명분으로 전쟁을 용인하거나 선호해온 것이다.

세계 5대 종교 가운데 가장 큰 세력을 차지하는 기독교와 이슬람교 그리고 유대교는 중동에서 일어나 서양에서 발전하며 200여 개 국가에 퍼져있다. 힌두교와 불교는 동양에서 일어나 120개 안팎의 국가에 자리 잡고 있다고 한다.

이 가운데 기독교, 이슬람교, 유대교가 특히 호전적이다. 역사적으로 큰 전쟁은 같은 뿌리에서 출발했으면서도 서로 상대를 인정하지 않는 이들의 유일신 종교에서 시작되었다. 기독교의 예수와 이슬람교의 마호메트 둘 다 사랑과 평화를 앞세우고 촉구했지만, 이슬람이 일어난 고대 7세기부터 현대 21세기 '문명의 충돌'까지 두 종교 간의 갈등과 분쟁은 그치지 않고 있다. 특히 11-14세기 공격적 십자군 전쟁이든 14-16세기 수세적 십자군 전쟁이든 얼마나 참혹했는가.

기독교도와 이슬람교도는 같은 하나님을 믿으며 서로 싸운다. 기독교 안에서는 천주교도와 개신교도가 같은 예수를 따르며 서로 다툰다. 개신교도들은 예수 그리스도마저 둘로 나누어, 한쪽은 개인 구원을 중시하는 예수교장로회를 만들고 다른 쪽은 사회 구원을 중시하는 기독교장로회를 세워 갈등을 빚는다. 이슬람교 안에서는 수니파와 시아파가 같은 알라를 섬기면서 원수처럼 서로 죽이기도 한다. 이들은 다른 종교나 교파를 인정하지 않는 배타성과 편협성을 보이며 다른 교도들을 개종시키려고 하거나 죽여 없애려고까지 한다. 모든 종교와 교파가 사랑과 평화를 내세우면서도 증오와 살육을 저지르고 있으니 지독하게 역설적이요 모순이다. 인류가 풀어야 할 가장 심각하고 어려운 과제일 것이다.

3. 종교 내 폭력 사례: 여성에 대한 차별

여성은 인구의 절반이다. 절반의 인구가 상습적으로 폭력을 당하고 있다. 개인의 능력이나 자질에 관계없이 오로지 여성이라는 이유로 차별당하고 있는 것이다. 여성에 대한 차별과 이에 따른 사회적 불평등은 동서고금을 통해 나타난 현상이다. 절반의 인구가 차별을 당하는 사회적 불평등 속에서는 사회의 발전과 평화를 불러오기 어렵다.

종교는 대체로 인간 평등의 사상을 가지고 있는 듯하지만, 오래

전부터 남녀 불평등의 교리와 성차별주의적 제도를 유지해 오고 있다. 일반적으로 신도들은 남성보다 여성이 많지만, 신도들에게 직접 '말씀'을 전달하며 인도하는 교역자는 대부분 남성이다.

기독교에서는 『성서』의 하나님을 남성으로 묘사한다. 하나님은 남편 아담에게 아내 하와가 복종해야 한다고 말한다. 고대 유대 사회에서 여성은 온전한 사람으로 인식되지 않았다. 사람 숫자를 셀 때 제외되기도 했다. 당연히 제사장이 될 수 없었고, 성전 활동에 제한적으로 참여할 수 있었다. 「마태복음」 1장의 예수 족보에 여성의 이름이 들어가 있기는 하지만, 대개 족보 계승은 남성을 통해서만 이루어졌다. 지금까지도 여성에게는 성직을 제한하며 보조적 또는 이차적 역할만 맡게 하는 등 교회를 가부장적 체제와 질서로 운영하고 있다.

이슬람교의 경전 『꾸란 (Quran/Koran)』은 3장에서는 남자와 여자가 동등하다고 했지만, 4장에서는 다음과 같이 노골적으로 여성을 차별하고 있다. "남성은 여성의 보호자라 이는 하나님께서 여성들보다 강한 힘을 주었기 때문이라. 남성은 여성을 그들의 모든 수단으로써 부양하나니 건전한 여성은 헌신적으로 남성을 따를 것이며 남성 부재 시 남편의 명예와 자신의 순결을 보호할 것이라. 순종치 아니하고 품행이 단정치 못하다고 생각되는 여성에게는 먼저 충고를 하고 그다음으로는 잠자리를 같이하지 말 것이며 셋째로는 때려 줄 것이라.”

불교에서는 여성이 부처가 될 수 없다거나 성불하더라도 남성의 몸으로 변해 부처가 된다는 사상을 확산시킨다. 기원전 6세기 무렵 인도에서는 여성이 남성의 소유물이나 다름없었지만, 석가모니 붓다는 제한적으로나마 여성의 출가와 수행을 허용하기도 했다. 그러나 나이가 적은 비구(남자)에게도 비구니(여자)가 먼저 예를 올려야 한다든지 무슨 이유로든 비구를 비판하지 말라는 등의 출가 여성에 대한 계율을 일컫는 팔경법(八敬法) 또는 팔불가월법(八不可越法)으로 여성을 차별해 왔다.

한국 4대 종교에 속하는 원불교는 남녀평등 문제와 관련해 매우 주목할 만하다. 교리에서 평등과 화합을 중시하며, 삼종지도(三從之道)에 따른 남녀차별을 불합리하다고 명시하고 있기 때문이다. 『원불교 정전(正典)』「교의편(敎義編)」 ‘사요(四要)’에 “여자는 어려서는 부모에게, 결혼 후에는 남편에게, 늙어서는 자녀에게 의지하였으며, 또는 권리가 동일하지 못하여 남자와 같이 교육도 받지 못하였으며, 또는 사교의 권리도 얻지 못하였으며, 또는 재산에 대한 상속권도 얻지 못하였으며, 또는 자기의 심신이지마는 일동일정에 구속을 면하지 못하게 되었음이니라”고 지적하고, “과거 불합리한 차별 제도의 조목” 가운데 “남녀의 차별”을 들고 있는 것이다. 원불교 최고 의결 기구인 수위단도 남녀 9명씩 이루어진다.

그럼에도 불구하고 남자 교무들과 달리 달리 여자 교무들은 제복 또는 '검정 치마 흰 저고리'로 상징되는 정복(貞服)을 입게 하는 한편, 실질적으로는 결혼을 못하게 함으로써 여성을 억압하는 모순을 드러내 왔다. 2019년에 여자 교무의 결혼을 금지하는 '정녀(貞女) 지원' 또는 '독신 서약'을 폐지했다.

4. 종교와 비폭력 저항: 평화적 수단에 의한 평화

평화는 평화적으로 추구하고 성취해야 한다. 평화라는 목표를 이루는 수단과 방법도 평화적이어야 한다. 내가 인터넷에서 즐겨 쓰는 아이디 'pbpm'은 '평화적 수단에 의한 평화(peace by peaceful means)'를 뜻한다. 지금까지 비폭력 운동은 주로 종교 경전을 바탕으로 종교인들이 주도해 왔다.

1) 퀘이커교도의 '권력의 악행에 대한 무저항'

한국에서 '종교 친우회'로 불리는 퀘이커교도들(Quakers)은 18세기부터 미국 원주민(아메리칸 인디언)과 우호적 관계, 노예 제도 반대, 전쟁 반대 등을 주장하며, 예수의 가르침을 통해 '권력의 악행에 대한 무저항' 이론을 발전시켰다. 그들은 "폭력과 칼이라는 수단에 의해서가 아니라, 악에 대한 무저항, 온유, 온건, 평화 애호로 사람들에게 알려진 그리스도의 가르침은, 그것을 따르는 사람들이 오로지 평화와 조화와 사랑의 모범을 보여 세상에 전파될 수 있다"고 했다.

2) 톨스토이의 '악에 대한 무저항'

톨스토이는 1884년 발표한 *My Religion*(나의 종교) 및 1905년 출판된 *The Kingdom of God Is Within You*(신의 나라는 네 안에 있다) 등의 저서를 통해 그가 믿는 종교의 본질을 설명하고, 삶에 대한 새로운 개념으로서의 기독교를 내세우며 악에 대한 무저항을 주장했다. '산상설교'라 일컬어지는 「마태복음」 5장 39절의 "나는 너희에게 이르노니, 악한 자를 대적하지 말라. 누구든지 네 오른뺨을 치거든 왼편도 돌려대라"는 예수의 가르침에 따라 기독교는 모든 형태의 폭력과 전쟁을 불법적인 것으로 본다는 견해를 밝힌 것이다. 이와 아울러 기독교인을 "이웃과 다투지 않고, 폭력을 사용하거나 공격하지 않으며, 그와 반대로 저항하지 않고 스스로 고난을 당하며 …… 세계를 자유롭게 하는 데 도움이 되는 사람"으로 정의했다. 그러나 톨스토이는 이러한 예수의 가르침을 교회가 인정하지 않고 있다면서 흔히 기독교라 불리는 교회의 신앙을 가질 수 없다고 덧붙였다. 그리고 무저항의 선구자들인 퀘이커(Quaker) 교도들의 활동을 소개하고 인용하며 무저항의 당위성과 도덕성을 강조했다.

여기서 '무저항'이란 말은 사전에서 정의하듯 '저항하지 않는 것'으로 오해하기 쉬운데, 악에 대해 무조건 저항하지 않는 게 아니라 악에 대해 악으로 저항하지 않는다는 뜻이다. 『구약 성경〔Hebrew Bible〕』과 『함무라비 법전(Code of Hammurabi)』에 기록되어 있는 "눈에는 눈, 이에는 이"라는 말처럼 해를 당한 만큼 앙갚음하는 것이 아니라, 악을 오히려 선으로 물리치는 것을 의미한다. 이렇듯 무저항주의는 침략적이든 방어적이든 모든 전쟁을 반대하고, 전쟁을 위한 준비도 반대하는 것이다. 자신을 방어한다는 이유로 무기를 들어서도 안 되고 정당방위도 인정되지 않는다. 톨스토이는 특히 기독교인이라면 어떤 상황에서도 악을 행하는 사람의 생명을 해치거나 빼앗을 수 없다고 했다. 평화에 대한 사랑과 인류에 대한 선을 가르치는 종교와 전쟁이 병행하거나 공존할 수 없다고 주장한 이유다. 이와 관련하여 정부가 군 복무를 강요할지라도 단호하게 그러나 겸손하고 예의 바르게 군 복무를 거절하는 게 기독교인의 명예롭고 엄숙한 임무라고 여겼다.

3) 간디의 '적극적 비폭력 저항'

간디는 힌두교도로서 톨스토이의 영향을 받아 비폭력 저항 이론을 다듬고 실천에 옮겼다. 톨스토이가 교회에 다니지 않았지만 기독교 경전을 공부하며 가르침을 받은 기독교인이라면, 간디는 힌두 사원에 다니지 않으면서 힌두교 경전을 즐겨 읽은 힌두교도 였다. 간디가 영국에서 법을 공부할 때, 스무 살이 되도록 읽지 못해 부끄러웠다고 고백하며 읽었던 힌두교 경전이 『바가바드 기타』다. '신의 노래(the song of God)' 또는 '하느님의 노래(the song of Heaven)'라는 뜻을 지닌 이 경전은 간디의 '정신적 참고서(spiritual reference book)' 또는 '일상 지침(daily guide)' 이었다. 그가 1,000번 이상 읽었으리라는 말이 나올 정도다. 간디의 사상 형성에 가장 큰 영향을 미친 저작일 뿐만 아니라 톨스토이, 간디, 킹(Martin Luther King)에게 영향을 준 쏘로우(Henry David Thoreau)에게도 큰 영향을 끼친 저작이며, '한국의 간디'로 불린 기독교인 함석헌도 번역했던 『바가바드 기타』의 가장 큰 가르침이 바로 비폭력이다.

간디는 자서전에서 톨스토이가 1905년 발표한 *The Kingdom of God Is Within You*(신의 나라는 네 안에 있다)를 읽고 감동에 휩싸이며 "영원히 지울 수 없는 깊은 인상"을 받았다고 밝혔다. 이에 따라 톨스토이의 무저항주의에 평생 잊지 못할 깊은 감명을 받고 이를 비폭력주의로 발전시켰다. 특히 「마태복음」 5장 39-40절을 "아주 특별하게" 받아들이고 "한없이 기뻐하며"

이 '산상설교'를 『바가바드 기타』와 비교해 보았다. 나아가 양쪽의 가르침을 하나로 엮어보려 시도하며, "주요한 종교에는 모두 통달해야겠다는 생각을 마음에 새기게 되었다.

간디는 인도 독립운동 초기에 무저항을 '소극적 저항'이라고 불렀지만, 이 말은 약자의 무기인 것처럼 오해될 염려가 있어 '진리파악(satyagraha)' 또는 '비폭력(ahimsa)'이라고 고쳐 불렀다. 무저항이란 말은 저항하지 않는 것으로 그리고 소극적 저항이란 말은 수동적으로 저항하는 것으로 착각할 수 있기 때문에, 적극적으로 저항하되 폭력을 사용하지 않는다는 취지의 비폭력 저항 운동을 전개한 것이다.

간디에 따르면, 무저항이나 수동적 저항은 약자의 수단으로 폭력을 사용할 수 없는 무능이나 비겁을 감추기 위한 것으로, 이는 폭력을 사용하지 않고 상대방을 해치려는 노력이며, 어떤 경우엔 남몰래 폭력을 사용하기도 한다. 직접적 행동이 뒤따르지 않는 비폭력은 아무 의미가 없으며, 차라리 복수와 죽음을 무릅쓴 폭력적 저항이 차선이라는 것이다. 여기서 톨스토이의 무저항주의와 간디의 비폭력주의 사이에 커다란 차이를 발견할 수 있다. 톨스토이는 악에는 악으로 대적하지 말고 자신을 방어하기 위해 무기를 들어서도 안 되며 정당방위도 인정할 수 없다고 했는데, 간디는 불의에 대항할 줄 알아야 하고 비폭력적으로 자신을 방어할 능력이 없을 때는 폭력적 수단을 사용하는데 주저할 필요가 없다고 했다. 행동하지 않는 것은 비인간적이고 비겁할 뿐만 아니라, 무능하고 약한 자의 '엉터리 비폭력'은 세상에서 가장 비도덕적이라며 반드시 피해야 한다는 것이다. 따라서 비폭력을 행사할 수 없을 때 폭력은 필요하고 고상하며, 자신을 방어하기 위해서는 폭력을 사용할 용의가 있어야 한다고 했다.

4) 킹의 '투쟁적 비폭력 저항'

킹은 1950년대 초 신학대학에 다니면서 간디의 비폭력 철학을 접하게 되었다. 앨라배마(Alabama)에서 목사직을 맡은 지 1년 남짓 후 다음과 같은 몽고메리(Montgomery) 버스 보이콧 사건을 맞았다. 1955년 12월 앨라배마 몽고메리에서 로자 파크스(Rosa Parks)라는 흑인 여성 재봉사가 퇴근 후 버스에 올라 백인 지정석 뒤 첫 줄에 앉았다. 좌석이 찬 뒤 백인들이 오르자 버스 기사가 그녀에게 백인 남성에게 자리를 양보하라고 지시했다. 그녀는 거부했고 체포됐다. 이 소식에 흑인들은 버스를 보이콧하기로 결정했다. 교회 지도자들을 중심으로 모임이 만들어졌고 킹이 대표로 뽑혔다. 그는 첫 대중 집회에서 다음과 같이 말했다.

"인종 차별 폭력 조직 '쿠 클럭스 클랜(KKK)'을 비롯한 백인들은 불의를 영속화하려고 시위하지만, 우리는 정의의 탄생을 위해 시위한다. …… 우리의 시위엔 백인 폭력 조직처럼 십자가를 불태우는 일은 없을 것이다. 어떤 백인도 두건을 쓴 흑인 폭도들에 의해 집 밖으로 끌려 나와 야만적으로 살해당하지 않을 것이다. 위협과 협박도 없을 것이다. …… 우리는 강요가 아니라 설득의 방법을 택할 것이다. …… 우리는 '너의 원수들을 사랑하라. 너를 저주하는 그들을 축복하라. 너를 악의적으로 이용하는 그들을 위해 기도하라'고 외쳤던 예수의 말을 들어야 한다."

이어지는 집회들에서는 간디의 철학을 소개하며 얘기했다. 사회에서의 갈등과 긴장은 백인과 흑인 사이에 있는 게 아니라 정의와 불의 사이에 있는 것이라며, 정의롭지 못한 백인들을 물리치기 위해서가 아니라 불의를 물리치기 위해 나아가자고 했다. 이렇게 비폭력 저항을 진행하는 과정에서 킹은 체포되기도 하고, 전화나 편지와 엽서를 통해 협박도 받았으며, 집이 폭파당하기도 했다. 이에 일부 흑인들이 킹을 지지하고 보호하기 위해 총기를 들었지만 킹은 무기를 버리라고 요구했다. 그리고 "폭력에도 비폭력으로 맞서야 한다"고 주장하며, 백인들이 무슨 일을 저지르더라도 그들을 사랑해야 한다고 호소했다. 이렇게 1년 동안 '몽고메리 버스 보이콧' 운동을 비폭력적으로 이끌며 마침내 1956년 12월 백인-흑인 격리법 철폐의 승리를 거두었다.

1963년 8월 그는 워싱턴 D.C에서 대규모 평화행진을 이끌었다. 수십만의 인파가 모인 가운데 킹은 '미국 민권운동의 가장 유명한 연설'을 했다. "나에게는 꿈이 있습니다. 조지아주의 붉은 언덕에서 노예의 후손들과 노예 주인의 후손들이 형제처럼 손을 맞잡고 나란히 앉게 되는 꿈입니다. 나에게는 꿈이 있습니다. 이글거리는 불의와 억압이 존재하는 미시시피주가 자유와 정의의 오아시스가 되는 꿈입니다. 내 아이들이 피부색을 기준으로 사람을 평가하지 않고 인격을 기준으로 사람을 평가하는 나라에서 살게 되는 꿈입니다. ……"

1년 후 1964년 7월 미국 의회는 결국 인종 차별을 금지하는 '민권법(Civil Rights Act)'을 통과시켰다. 이와 아울러 킹은 비폭력 저항을 이끈 공로로 1964년 노벨 평화상을 받았다. 1986년 미국 의회는 킹을 기리기 위해 그의 생일과 가까운 1월 셋째 월요일을 연방 공휴일로 지정했다. 미국에서 개인의 생일을 연방 공휴일로 정한 것은 건국의 아버지 조지 워싱턴(George Washington) 대통령과 비폭력 민권운동 지도자 마틴 루서 킹(Martin Luther King Jr.)뿐이다.

5) 함석헌의 '비폭력 혁명'

함석헌의 비폭력 사상은 톨스토이의 무저항주의와 간디의 비폭력 저항에 뿌리를 두고 있다. 톨스토이의 종교관과 무저항 정신은 간디와 류영모에게 영향을 미치고 간디와 류영모는 함석헌에게 영향을 미쳤기 때문이다. 함석헌은 스승 류영모를 만남으로써 '정신적으로 단층을 이루며 비약'했다고 했는데, 스승이 기본을 세우고 자신이 발전시킨 〈씨알 사상〉은 백성(民)이 역사와 사회의 바탕이며 주체라는 사고와 인식으로, 여기에는 생명, 사랑, 민주, 평등, 비폭력, 평화 등의 정신을 포함하고 있다.

그는 1919년 3.1 운동 무렵 간디의 이름을 처음으로 들은 뒤, 1924~25년 무렵엔 간디에 관한 책을 읽고 간디를 흠모하며 그의 사상과 투쟁 방법에 커다란 영향을 받았다. 함석헌이 "이제 우리의 나갈 길은 간디를 배우는 것밖에 없다고 생각한다"면서 밝힌 이유 가운데 하나는 다음과 같다.

간디는 정치와 종교를 하나로 잘 조화시켜 정치 문제를 종교적으로 잘 해결했다. 어느 시대에든 역사는 결국 정치와 종교의 싸움인데, 오늘날 인류가 당하는 고민은 종교를 무시하고 사회 문제를 정치적으로만 해결하려 하는 데서 온다. 종교가 국가의 공인을 얻은 대신 모든 문제를 정치에 넘겨주고 현실을 피하며 순전히 저세상만을 위하는 종교로 바뀌어, 인생관이 천박해지고 마침내 대규모의 전쟁이나 학살까지 마음대로 저지르는 세상이 돼버렸다. 이런 터에 간디는 몇백 년 동안 식민 통치를 통해 산송장이 되어버린 2억의 인도인들을 단순한 종교심으로 불러일으켜 대영제국의 억압을 물리치고 자유로운 나라의 기초를 닦았으니 인류 역사에서 크게 주목할 만한 일이다.

제 2 장

개신교와 평화

: 평화와 통일을 위한 개신교의 역할

이재봉: 대개 목사 하면 교회와 목회가 떠오르는데, 목사님은 지금까지 목회보다 시민운동에 더 힘써 오신 것 같습니다. 무슨 이유인가요?

김영주: 일반적으로 목회는 목사의 전반적인 활동을 말합니다. 목회를 분야별로 구분하면 개체 교회, 교단과 연합 기구, 시민 사회단체 등으로 구분할 수 있고, 신학적인 관점으로 구분하면 개인 구원을 통한 사회 구원과 사회 구원을 통한 개인 구원으로 구분할 수 있습니다. 이 관점을 현재의 저에게 적용하면 분야별로는 개체 교회를 담임하는 목사가 아니라 교회와 사회를 목회의 영역으로 삼고 일하고 있으며, 신학적으로 보면 사회 구원에 방점을 두고 있다고 볼 수 있지요. 물론 저는 개인 구원과 사회 구원을 동시적 과제로 보고 있어 어느 하나 등한히 할 수 없는 과제라는 생각을 가지고 목회 활동을 하고 있습니다.

교수님께서 질문하신 말에 적절한 대답이 되었으면 좋겠는데, 제가 시민운동에 더 힘쓰는 것으로 보이는 것은 제 활동 영역이 개체 교회 영역에 있지 않고, 주로 연합 기구에서 일하다 보니 사회 구원을 위한 활동이 사람들에게 노출된 결과인 것으로 볼 수 있습니다. 다시 말하면, 저에게 시민 사회 영역에서 활동을 할 수밖에 없는 여건이 조성되어 있었으며, 저 또한 그 일에 충실하고자 노력했기 때문에 그렇게 보인 것이라고 생각합니다. 시민 사회 활동 역시 목회 활동의 한 영역이라고 생각하기 때문에 제 신분과 활동 영역에 전혀 갈등이 없습니다. 단지 항상 생각하는데, 늘 부족해서 부끄럽습니다.

이재봉: 제가 처음부터 무식한 질문을 드렸군요. 시민운동은 목회에 포함되는 게 아니라 별거라고 생각했거든요. 그렇다면 목사님께서 신학 박사가 아니라 북한학 박사 학위를 받으신 것도 왜 그랬는지 짐작할 수 있겠습니다. 그래도 목사가 북한학 박사 학위를 받으신 특별한 계기나 이유는?

김영주: 앞의 질문과 연관성이 있지요. 목사의 목회 활동을 굳이 구분하자면 전통적인 의미에서 제사장적 직분과 예언자적 직분으로 구분할 수 있습니다. 제사장적 직분은 사람들을 위로하고 격려하는

기능이고, 예언자적 직분은 그 사람들이 처해 있는 사회의 변화, 특히 불의한 사회적 구조를 변혁하기 위해 노력하는 기능입니다. 사회학적 용어로 설명하면, 통합의 기능과 전환의 기능이라고 할 수 있지요. 이런 구분으로 본다면 저는 예언자적 직분 즉 전환의 기능에 더 관심을 많이 쏟았다고 볼 수 있습니다.

　간단하게 제 이력을 살펴보면, 제 목회는 농촌 교회에서 시작했습니다. 1970년대 당시 정부는 중공업 정책을 표방하며, 도시의 산업화를 추구하고 있었기 때문에 자연히 농촌과 농민의 삶은 매우 어려운 상황이었습니다. 농민들을 위로하고 격려하는 일은 급격한 산업화로 인해 파생되는 문제점을 지적하는 것이었어요. 그러다 보니 자연스럽게 당시 정치, 경제, 사회의 문제점을 파악하게 되었고, 구조적 문제를 극복하지 않고는 국민이 인간답게 살 수 없는 악순환의 고리에 빠질 수밖에 없다는 점을 인식하게 된 겁니다. 소위 의식화(?) 되었다고나 할까요. 그때부터 제 목회는 한국 사회의 민주화 즉 사회 구원에 집중하게 됩니다. 그 일을 적극적으로 감당하기 위해서 개체교회의 목회를 떠나, 교단(감리회 본부)과 연합 기구(NCCK)에서 일하게 되었습니다.

　제가 연합 기구에서 맡은 역할은 인권, 평화, 통일에 관한 일이었습니다. 그 과정에서 한국 사회의 원죄와도 같은 분단의 극복 없이는 인권의 신장이나 진정한 민주화는 이루어질 수 없다는 인식을 갖게 되었고, 주로 평화통일 문제를 제 인생의 화두로 삼게 된 겁니다. 이를 적극적으로 감당하기 위해서는 분단의 역사, 남북관계, 평화통일에 대한 좀 더 탄탄한 이론적 기반을 갖추어야 할 필요성을 느끼게 되어 박사 학위 과정을 하게 되었습니다.

이재봉: 목사님께서 맨 처음 농촌 목회를 담당하셨다는 것은 처음 듣는 얘기군요. 지금은 〈남북평화재단〉 이사장을 맡고 계시는데, 저도 이 단체에 참여해 왔습니다만 이사장님께서 직접 성격과 활동 좀 소개해 주시겠어요?

김영주: 〈남북평화재단〉은 2007년에 한국 사회 주요 지도자 440분이 발기인으로 참여해 조직하여 오늘에 이르고 있습니다. 발기문에서 다음과 같이 밝혔어요.

"한반도의 평화와 통일은 오늘날 이 땅을 살고 있는 우리 모두가 해결해야 할 과제입니다. 우리는 더불어 함께 살아가는 평화의 세상을 만드는 일에, 나아가 민족의 화해와 번영을 통해 인류 사회 전체에 평화를 심는 일에 더욱 앞장서 나가야 하겠습니다. 이 일에 작은 힘을 보태기 위해 〈남북평화재단〉을 설립합니다. 〈남북평화재단〉은 이 땅의 평화와 통일을 위해 일하는 사람들의 모임으로 이웃과의 화해, 남북 간의 화해, 국제간의 화해의 과제를 찾아

38

일하며, 궁극적으로는 분단된 한반도의 평화와 통일을 이루는 데 이바지하고자 합니다."

그동안 주요 활동은 남북의 교류 활동으로 북녘 수해 지원용 덤프트럭 50대를 비롯한 450여 대 자동차 지원, 농구공 지원, 어린이용 우유 및 분유 지원 등을 했습니다. 평화통일 교육 활동으로 비폭력 대화, 평화통일학교, 각종 세미나 등을 열었고, 〈남이랑 북이랑〉, 〈평화통일의 길〉 등 통일 관련 책자와 소식지를 발행했습니다. 그리고 남북청소년 농구대회 추진 및 남북에너지 협력사업 등을 벌였습니다. 나아가 위의 사업들을 더욱 활발하게 하기 위해 별도 법인으로 〈함께 나누는 세상〉, 〈좋은 친구들〉, 〈남북청소년 농구대회 추진위원회〉를 조직해 활동 중입니다.

이재봉: 좋습니다. 수고 많으셨습니다. 2-3년 전까지 흔히 NCCK로 불리는 〈한국기독교교회협의회〉 총무를 지내셨어요. 이 단체의 성격과 활동은요?

김영주: 〈한국기독교교회협의회(이하 한국교회협)〉는 현재 예수교장로회, 감리교, 기독교장로회, 구세군, 성공회, 복음교회, 정교회, 기독교대한하나님의성회(기하성), 루터교 등 9개 교단과 기독교방송(CBS), 기독교서회, YMCA, YWCA, 한국기독교학생연맹(KSCF)

등 5개 단체가 회원으로 참여하고 있습니다. 그리고 유관 단체로는 한국기독교사회봉사회, 기독교환경연대, 가정생활위원회, 한국기독교민주화운동, 한국기독교사회문제연구원 등이 활동하고 있고요.

한국교회협은 1924년 한국 교회의 일치와 연대를 위해 조직된 이후 한반도의 근현대사와 함께하면서 교회의 선교 사명을 다하고 있습니다. 박정희의 군사 쿠데타로 시작된 군사 독재 정권에 맞서 시민 사회와 연대하여 투쟁하며 민주주의의 발전을 도모했으며, 당시 탄압과 억압받는 민주 시민, 학생, 노동자의 인권을 지키기 위한 인권 운동, 그리고 분단 극복을 위한 평화통일 운동에 적극적으로 참여해 왔습니다.

특히 한국교회협은 1980년 광주 민주화 운동을 경험하면서 한국 사회의 민주주의는 한반도의 분단 극복 없이는 지난한 과제라고 인식하여 평화통일 운동에 적극적으로 참여했습니다. 당시 민간 차원에서의 통일 운동은 매우 위험한 것으로 인식되고 있었으며 정부의 큰 탄압에 직면하게 됩니다. 이에 굴하지 않고 1988년 "민족의 통일과 평화에 대한 한국기독교회 선언"을 발표하는 등 적극적으로 평화통일 운동에 참여하여 오늘에 이르고 있는 겁니다.

그런 의미에서 한국기독교교회협의회가 한국 사회의 발전을 위한 공헌 중에 매우 뚜렷하게 나타나는 것은 인권 운동과 민주화 운동, 그리고 평화통일 운동이라 할 수 있겠습니다. 물론 안으로는 교회 본래의 역할을 감당하기 위해 노력하면서 밖으로는 한국의 개신교를 대표하여 종교 단체로서의 연대와 협력을 도모하고 시민 사회와 국제 사회와 연대하여 그 사업을 시행하고 있지요.

이재봉: 좋은 일 많이 해 오셔서 고맙습니다. 목사님은 〈한국종교인 평화회의〉 대표회장도 지내셨어요. 이 단체의 성격과 활동도 소개해 주시겠어요?

김영주: 한국 사회는 다종교 사회로 한국 사회 발전을 위해 각 종교는 서로 연대하고 협력해야 합니다. 서로 갈등하면 매우 심각한 사회 문제가 될 수 있거든요. 그런 의미에서 한국에 존재하는 종교들끼리 이해와 협력을 다지는 일은 중요한 일입니다. 이를 위해 1965년 개신교, 불교, 원불교, 유교, 천도교, 천주교의 지도자들이 모여 대화를 시작한 후 1986년 한국민족종교협의회를 포함하며 7대 종단이 모여 "한국 종교인 상호간의 교류와 이해를 증진하며 이웃 종교 사이의 공동 과제를 함께 연구, 실천하여 보다 나은 한국 사회를 이룩하고, 전 세계 종교인과 긴밀한 협력을 통해 세계 평화에 이바지하고자 〈한국종교인 평화회의(KCRP)〉를 조직하게 됩니다.

주요 사업으로는 매년 〈종교청년평화캠프〉, 〈종교유적지대화순례〉,

〈이웃종교이해강좌〉, 〈전국종교인교류대회〉, 〈남·북종교인모임〉 등이 있습니다. 이를 위해 〈종교간 대화위원회〉, 〈여성위원회〉, 〈청년위원회〉, 〈생명평화위원회〉, 〈남북교류위원회〉, 〈종교문화예술홍보위원회〉, 〈출판위원회〉 등의 위원회를 조직하여 프로그램을 운영하고 있고요. 또한 월간 「종교와 평화」 신문을 발행하여 한국 종교 문화의 성숙과 발전 및 종교간 협력을 증진하는 문화 교육 사업 등으로 우리 사회와 종교계 사이의 의사소통을 위한 가교 역할을 감당하고 있습니다. 그리고 산하에 〈종교평화국제사업단(IPCR)〉을 설립하여 종교 분쟁지역의 평화정착 지원사업, 인도적 지원사업 등을 추진해 나가고 있습니다.

이재봉: 참 많은 일을 해 오셨습니다. 지금 「종교와 평화」 월간 신문 얘기하셨는데, 이번 대담의 큰 주제가 '종교와 평화'입니다. 개신교 또는 기독교를 포함한 모든 종교가 평화를 추구하고 지향하지요. 그러나 세계 역사상 종교 때문에 전쟁이 가장 많이 일어났습니다. 이 모순 또는 역설에 대해 어떻게 생각하세요?

김영주: 종교를 단순하게 표현하면 그 지향점은 평화이고, 그 실현 방식은 '사랑, 자비, 도'라고 할 수 있습니다. 그러나 불행하게도 종교는 그 기능을 다하지 못해 왔습니다. 매우 안타까운 일이지요.

종교가 평화의 지향점을 잃어버리면 그 시대사조에 휩쓸리거나, 지역이나 민족성에 지배당하게 됩니다. 그렇게 되면 종교는 이데올로기화되어 분쟁과 전쟁을 위한 지배 이데올로기나 도구가 되고 말지요. 역사상 많은 전쟁이 종교의 이름으로 일어났지만, 실상은 지배자 혹은 민족들의 영토 확장의 욕망이거나, 정치 경제 영역의 지배권 확보를 위한 것으로 밖에 볼 수 없습니다. 다시 말하면 종교가 교묘히 이용당한 것이죠. 그런 의미로 보면, '종교가 평화를 해치거나 전쟁을 일으키는 도구가 될 수는 없다' 할 수 있겠습니다.

교수님이 지적하신 대로 제가 속해 있는 기독교도 예외가 아니었습니다. 교회의 이름으로 전쟁을 일으켰으며, 같은 기독교인 천주교과 개신교가 전쟁을 했지요. 매우 부끄러운 일이었습니다. 그것 역시 살펴보면 당시 전쟁을 일으킬 수 있는 지배자를 위한 패권 전쟁이었고, 영토 전쟁이었으며, 나라, 민족 간의 전쟁이었다는 것을 알 수 있습니다.

더 이상 종교가 이용되지 않아야 할 것입니다. 종교인들은 각자가 속한 종교가 그 본래의 목적인 평화를 잃지 않고 사람 사랑, 이웃 사랑의 길에서 이탈하지 않도록 노력해야 하겠지요.

이재봉: 그렇습니다. 종교 간 전쟁을 보면 대부분 기독교와 이슬

람교 간에 일어났어요. 기독교도들은 '유일신 사상' 때문에 다른 종교들을 인정하길 꺼려합니다. 유사한 신흥 종교들을 '이단'으로 무시하고요. 기독교 역시 먼저 일어난 유대교도들에겐 이단으로 간주되었습니다. 이에 대해 어떻게 생각하시는가요?

김영주: 앞의 질문과 같은 맥락이지요. 기독교와 이슬람교 간의 전쟁이라고 하지만, 서구 세력과 중동 세력 간의 이권 전쟁이라고 할 수 있거든요. 그들이 전쟁의 명분으로 기독교와 이슬람교의 수호를 내세웠을 뿐입니다. 그런 의미에서 오늘을 살아가고 있는 우리는 '모든 전쟁은 악하고, 의로운 전쟁은 없다'는 사실을 명심 해야 할 것입니다.

모든 종교는 그 기원을 가지고 있습니다. 발원 지역의 사람, 문화와 시대정신을 기반으로 해서 탄생하여 성장하다가 한 지역과 특정한 시대에만 유효한 종교로 자리매김하기도 하거나, 지역과 시대를 뛰어넘는 인류 보편의 가치로 자리 잡기도 합니다. 또 때 로는 기존 종교가 그 기능을 다 하지 못할 때 기존 종교를 개혁 하거나 아예 새로운 가치를 추구하는 새로운 종교 운동이 있을 수 있고요.

말씀하신 대로 기독교는 유대교 전통에서 출발했습니다. 유대 교와 기독교의 관계사를 구체적으로 설명할 필요는 없지만, 분명한 사실은 기독교는 유대교로부터 배척을 받았고, 또 이단시 당했습니다. 그렇지만, 유대교는 민족 종교 성격을 띠며 남아 있고, 기독교는 세계적인 종교로서 자리를 잡고 있어요. 이를 타산지석으로 삼아 기독교인들은 타 종교에 대한 입장을 정하는 데에 조심해야 합니다.

물론 기독교의 '유일신 사상'이 타 종교의 존재를 인정하는 데에 때로는 걸림돌이 되기도 합니다. 그러나 이 문제에 대해서는 일찍이 '익명의 그리스도인', '하나님의 선교' 등 많은 논의가 지속적으로 있었지요. 그 결과로 일부 극단주의자를 제외하고는 건전한 기독교인들에게는 신학적으로 '유일신 사상'은 이웃 종교와 함께하는데 아무런 걸림돌이 되지 않는다고 봅니다.

이 문제를 우리 한국 사회로만 국한해서 생각해 보면, 한국 사회는 오랜 세월 동안 다종교 사회로 지내오고 있습니다. 특히 기독교가 한국에 들어와서 단시간 내에 정착할 수 있었던 것은 당시 한국 사회에 자리 잡고 있었던 타 종교들의 관용이 필요했을 것입니다. 그런 의미에서 기독교는 타 종교에 대해 관용의 마음을 가져야 하고 나아가서 연대와 협력을 아끼지 말아야 하겠지요. 물론 신흥 종교가 비윤리적이거나 반사회적인 이익 집단으로 종교의 자유라는 명분을 내세우며 활동하는 것은 경계해야 할 일이죠. 그것조차도 만약 필요하다면 기존 종교들이 조심스럽게 의견을 내는 차원에만 머물러야 할 것입니다. 궁극적으로 신흥 종교에 대해서는 우리 사회가 판단할 일이지, 기존 종교가 나설 일은 아니라고 봅니다.

이재봉: 종교 간의 전쟁과 갈등 말고도 거의 모든 종교가 내부 분열도 심합니다. 특히 개신교가 더 그런 것 같아요. 장로교, 감리교, 침례교 …… 장로교 안에서는 예수 그리스도마저 둘로 쪼개져 예수교장로회와 그리스도교(기독교)장로회가 있고, 예수교장로회는 다시 통합파와 합동파로 나뉘는 등 …… 왜 이러는가요?

김영주: 잘 아시다시피 개신교는 16세기 가톨릭에 대한 저항으로 출발했습니다. 당시 가톨릭은 종교의 영역을 넘어서서 서구 사회의 정치, 경제, 사회, 문화 전반을 지배하고 있었습니다. 절대 권력을 장악한 가톨릭에 대항한다는 것은 쉬운 일이 아니었습니다. 마르틴 루터를 통해 시작된 종교 개혁, 즉 성서 중심주의, 만인 사제주의, 믿음으로만 의로워진다는 이신칭의(以信稱義) 등은 단순히 종교 개혁이 아니라, 시대사조의 변화 또는 사회 개혁 운동으로 평가됩니다. 거대한 세력에 대해 저항하기 위해서는 종교 개혁이라는 대의명분 하에 다양한 이해관계가 함께 했을 것으로 볼 수 있어요. 일정 부분 종교 개혁이 성공한 후 개신교는 각각의 여건에 따라 자기 조직을 꾸려나가게 됩니다. 종교 개혁으로

독일에는 루터교회, 스위스에서는 장로교회, 영국에는 성공회, 미국에서는 침례교회가 자리 잡고, 그 시대와 지역의 정치적, 문화적, 사회적 여건에 따라 변화하면서 오늘에 이르고 있습니다. 즉 개신교는 출발부터 개혁과 신앙의 자유(성서 해석)를 그 기본 가치로 삼고 있기 때문에 사람과 그 시대와 지역의 필요에 대한 강조점에 따라 다양한 교파가 생겨날 수 있는 가능성이 항상 열려 있다고 볼 수 있습니다. 제 개인의 의견이지만, 다양성 그 자체를 각 교파가 기독교의 근본 가치를 실현하기 위한 신앙 방법론의 차이로 인한 것이라고 본다면 큰 흠이 아니라고 생각합니다. 다만 각 교파가 교리와 교권에 기반한 이기주의와 배타주의로 작동하지 않는다는 전제여야 합니다.

개신교의 분파에 대해 설명하려고 하니 말이 길어졌습니다. 교수님께서 말씀하신 한국 교회의 분파에 대해서는 저도 매우 안타까운 일이라고 생각합니다. 한국 교회는 선교 초기부터 여러 교파들이 시작한 태생적 한계를 가지고 있었습니다. 흔히들 장로교와 감리교가 한국 선교를 시작했다고 하지만, 그 내용은 그렇지 않습니다. 선교 초기부터 장로교는 남·북미 장로교, 호주장로교, 캐나다선교회, 남·북미 감리교회가 한국에서 활동을 시작하였습니다. 같은 장로교나 감리교였지만, 그들 사이에 파송처의 정치적, 신학적 차이가 있어 그것이 한국 교회에 그대로 영향을 미쳤다고 볼 수 있는 겁니다.

　물론 선교 초기에 이러한 차이를 극복해 보고자 하는 노력이 있었지요. 1824년 한국 교회를 하나로 묶기 위한 시도를 하였지만, 한 교파는 아니라도 한국기독교연합회(NCCK의 전신)가 조직되어 오늘까지 연대와 협력의 노력을 다하고 있습니다. 그 후 근본주의적 시각을 가진 각종 교파들이 유입되어 한국 교계의 분열상은 바람직하지 않을뿐더러, 빠른 시일 내에 해소해야 할 주요 과제가 되었습니다. 한국 교회는 자중자애하며 연대와 협력을 강화해 나가면서 '하나 되라'는 성서 말씀을 지키기 위해 최선의 노력을 해야 할 것입니다.

이재봉: 좋은 말씀 고맙습니다. 개신교 내 남녀 불평등에 대해서도 얘기하지 않을 수 없습니다. 대개 생산을 직접 담당하는 쪽은 여자예요. 그런데 천지를 생산(창조)했다는 하나님은 아버지(남자)로 부릅니다. 하나님 어머니가 더 적절하지 않을까요? 목사님이 속한 감리교나 다소 진보적인 기독교장로회에서는 1980-90년대부터 여자 목사도 설교를 하는 담임 목사가 나오고 있습니다. 그러나 대체로 여자 목사는 교육을 담당하는 부목사 또는 보조 목사에 머물러요. 어디서든 성도 중엔 남자보다 여자가 많은 것 같은데, 어떻게 생각하시는가요?

김영주: 인류 역사상 남녀평등 문제는 매우 중요한 화두가 되어 왔습니다. 물론 성서도 남성 중심 사회에서 전래되었고, 또 그렇게 해석되어 왔고요. 그렇지만, 좀 더 성서를 잘 살펴보면 남성 일방적인 입장이 아니라는 지점도 찾아볼 수 있습니다. 교수님께서 하나님을 아버지로 불렀다고 하셨는데, 성서에서는 하나님을 히브리어로 엘 사다이(젖무덤), 레헴(자궁)으로 기록하여 하나님을 여성으로 표현하기도 합니다. 이외에도 성서 곳곳에서 남녀평등을 지향하는 언어와 문장들을 많이 발견할 수 있습니다. 이를 비추어 보면 기독교 사상은 근원적으로 남녀평등이라고 할 수 있지요. 다만 남성 중심인 가부장적 질서가 전반적으로 우리 사회를 지배하고 있기 때문에 교회 조직도 그런 경향을 가지고 있는 것으로 보입니다. 이는 서구에서도 마찬가지였고요. 예를 들면, 한국감리교가 최초로 여성 목사 제도를 인정한 것은 미국감리교보다 일 년이 앞선다는 사실입니다. 현재 한국 개신교회 중 여성 목사 제도를 인정하는 교단은 감리교, 기독교장로회, 예수교장로회 통합 측, 기하성 정도인데 이는 앞으로 개신교의 한계를 보여 주는 지점입니다. 그리고 지적하신 대로 교회가 여성을 중심으로 세우는 데에도 인색한 지점은 반드시 개혁되어야 할 것입니다.

이재봉: 이제 주제를 북한, 통일 쪽으로 바꾸어 보죠. 많은 사람이

북한에는 종교의 자유도 없고 종교도 없다고 생각합니다. 교회가 있긴 해도 외부에 보여주기 위한 거고, 신도들은 강제 동원된다는 거죠. 저는 1998년 평양에 들어가 김일성이 어릴 때 엄마 손 잡고 다녔다는 칠골교회에 가서 예배도 보아봤고, 봉수교회에도 찾아가 보았습니다. 목사님은 저보다 더 일찍 더 많이 북한을 방문하며 그곳 교회와 신학교를 지원하시기도 하신 거로 알고 있는데, 북한의 개신교 현황은 어떤가요?

김영주: 일단 '종교의 자유가 없다'라는 개념에 대한 이해가 필요하다고 생각합니다. 서구적 개념으로 보면 종교의 자유가 없다는 말이 맞습니다. 그러나 사회주의(공산주의) 제도는 서구 자본주의 체제에 대한 안티테제(antithesis, 반정립)로 생겨난 제도에요. 당시 사회주의자들의 입장에서 보면, 기독교를 비롯한 종교는 민중을 착취하고 억압하는 자본가의 편에 서 있는 기득권 집단으로 보았기 때문에 기독교를 억압하고 탄압하는 입장을 취한 것으로 알고 있습니다. 나아가 서구 제국주의 시대에는 기독교가 그 앞잡이 노릇을 하고 있다고 본 것으로 알고 있고요. 잘못하면 오해를 불러올 수 있는 말이 될 수 있겠습니다만, 북측 역시 공산주의를 지향하는 국가로 당연히 종교의 존재를 불편하게 생각하고 그 기조 위에 정책을 수립해 왔다고 유추해 볼 수 있습니다.

그러나 종교인인 우리의 입장에서 보면 북측도 교회를 설립하고 교인이 존재하며, 남측의 종교인들과 활발한 교류와 협력을 도모하고 있다는 점을 평가할 수 있습니다. 제가 종교인으로서 북측과 교류를 하면서 큰 불편이 없었다는 점을 밝힙니다. 오히려 종교인이기에 이념 논쟁이나 갈등에서 자유로운 부분이 있기도 했습니다.

참고로 남북 교회는 세계교회협의회의 주선으로 1984년 일본의 고텐바시 YMCA 동맹국제청소년센터 도잔소에서 첫 만남을 시도한 후, 1986년 스위스의 글리옹(Glion)에서 역사적인 공동예배를 드림으로 시작하여 평화통일을 위해 활발한 만남과 교류 협력을 지속해 왔습니다. 그 후 북측의 교회는 상당 부분 발전되어 왔다고 볼 수 있습니다. 현재 북측에는 〈조선 그리스도교 연맹〉이 조직되어 세계 교회 및 남측의 교회협과 적극적으로 교류 협력하고 있으며, 교회로는 봉수교회와 칠골교회, 약 400개의 가정교회가 운영되고 있다고 합니다. 그리고 3년 주기로 신학원을 개설하여 기독교 지도자를 양성하고 있습니다. 북측의 보고에 따르면 1만 4천 명의 교인이 있다고 합니다. 이웃 종교로 불교, 천주교, 천도교에 전국 단위의 연맹 조직이 있어 각 종교 간, 혹은 연합 차원에서 교류 협력을 하고 있는 것으로 알고 있습니다.

이재봉: 좋습니다. 그러면 한반도 평화와 통일을 위한 개신교의 역할에 관해 말씀해 주시겠어요?

김영주: 한국 교회가 평화통일 운동에 적극적으로 참여하게 된 것은 1980년 광주 민주화 운동에서부터라고 할 수 있습니다. 사실 한국 교회는 〈한국기독교교회협의회〉를 중심으로 인권과 민주화 운동에 적극적으로 참여하면서 불의한 권력과 첨예한 대립을 하고 있었기 때문에, 평화와 통일의 과제는 차후의 문제(?)로 여길 수밖에 없었습니다.

그러나 광주를 경험하면서 민주화의 진전을 위해서는 평화통일 문제를 더는 미룰 수 없는 화급한 선교 과제로 받아들이게 된 거죠. 이후 1981년 〈한독교회협의회〉를 통해 분단국에서의 교회의 역할을 논의한 후 〈한국교회협의회〉에 '통일문제연구원 운영위원회'를 조직하여 본격적으로 통일 운동에 뛰어들게 되었습니다. 당시 통일 문제에 대한 언급은 정부가 독점하고 있었으며 민간에게는 금기시되어 있었기 때문에 그리 쉬운 일은 아니었지요.

한국 교회는 밖으로는 세계교회협의회(WCC)를 비롯한 세계 교회의 도움을 구하고, 안으로는 남북 평화통일 운동의 당위성을 집중적으로 논의하기 시작했습니다. 그 결과로 국제적으로는 1984년 일본 도잔소 회의, 1986년, 1988년, 1990년, 1994년

4차 글리옹 회의라 불리는 국제협의회가 열리게 되어 한반도의 평화통일 문제를 세계 교회의 과제로 인식하게 됩니다. 국내적으로는 통일 문제 협의회조차 방해하는 정부의 집요한 탄압에도 불구하고 1988년 '민족의 평화통일에 대한 한국기독교회 선언(88선언)'을 발표하게 됩니다.

이후 한국 교회는 평화통일을 위한 국제협의회, 남북교회협의회 등을 지속적으로 진행하면서 크고 작은 사업을 북측 교회와 함께 하면서 오늘에 이르고 있습니다. 앞으로도 한국 교회는 남북관계 개선을 위해 국내외적 연대를 강화하여, 남북이 적극적으로 평화통일의 길로 나아가도록 협력하는 일이 우선 감당해야 할 일이라고 생각합니다.

물론 2021년 현재 남북관계가 매우 어려운 처지에 놓여 있지만, 남북의 평화통일에 전향적인 입장을 가진 민주 정부가 난관을 헤쳐 나갈 수 있으리라 기대합니다. 그렇다고 정부에게만 통일 문제를 맡겨 둘 수는 없지요. 민간이 적극적으로 나서 평화통일에 대해 발언해야 한다고 생각합니다. 그 과정에서 정부를 비판하는 일이나, 미국의 한반도 정책을 비판하는 일에도 서슴지 않고 나서야 합니다.

특히 〈한국기독교교회협의회〉는 오랜 기간 평화통일 운동에 적극 참여한 경험을 가지고 있습니다. 이를 바탕으로 상당 부분 노하

우를 갖추고 있어 정부 차원의 평화통일 사업이나 민간 차원의 평화통일 운동에 순기능을 할 수 있으리라 봅니다.

남북 간의 상호 이해의 폭이 상당 부분 넓혀졌다고는 하지만, 남북 간의 깊은 갈등과 불신이 아직도 상존하고 있는 것이 현실입니다. 흔히들 정치적 국토적 통일 문제는 정치의 영역이라면, 사람들 간의 화해와 협력은 민간의 영역이라고 분류하지요. 그런 의미에서 한국 교회나 종교는 상호 이해의 폭을 높이기 위한 운동, 예를 들면 평화통일 교육 과정 설치 등을 통해 더불어 함께 살아가는 운동을 전개하거나, 나아가 함께 살아갈 세상에 대한 비전을 제시하는 일에 그 역할을 감당해야 한다고 봅니다.

이재봉: 좋은 말씀 고맙습니다. 김영주 목사님과의 대담 여기서 마치겠습니다. 수고하셨습니다.

제3장

천주교와 평화

: 평화와 통일을 위한 천주교의 역할

이재봉: 지난주 김영주 목사님과 대담했는데, 그 목사님이 북한학 박사였습니다. 오늘 두 번째 대담 손님으로 모신 신부님도 북한학 박사예요. 김 목사님께 목회자가 왜 신학 박사가 아닌 북한학 박사를 받았는지 물었는데 신부님께도 똑같은 질문 드리고 싶습니다.

강주석: 신학교에서 공부할 때 '모듬살이'라는 동아리 활동을 했었습니다. 민족화해를 위해 기도하고 학습도 하는 모임이었는데, 사제가 되기 위해 신학을 배우면서 적대적인 분단을 겪고 있는 한반도 상황을 외면할 수 없다는 생각을 했습니다. 말하자면 그리스도교에서 얘기하는 구원을 진정한 평화라고 이해했기 때문이지요. 신학교를 졸업하면서 쓴 신학 석사 학위 논문의 제목도 '분단 극복을 위한 교회의 역할'이었습니다.

'모듬살이' 동아리 출신 신부들 중 대다수가 2004년 천주교 의정부교구가 신설됐을 때 경기 북부 지역을 관할로 하는 새 교구를 선택했습니다. 그래서 제가 속한 의정부교구에는 '민족화해 사제모임'을 비롯해서 '민족화해위원회' 활동이 활발한 편입니다. 미국에 파견을 갔다 와서 본당 신부를 하고 있을 때, '민족화해 사제모임'의 추천을 통해 교구에서 국내 수학 발령을 내줬습니다. 마침 미국에 있을 때 미네소타주에 있는 '세인트 토마스 대학교 (University of St. Thomas)'에서 '정의-평화학(Justice and Peace)'을 접했던 것도 도움이 됐습니다.

저뿐만 아니라, 북한학 공부를 한 신부와 수녀가 적지 않게 있습니다. 대부분 교구나 수도회 차원에서 공부를 시키는 것이지요. 사실 천주교 신자 가운데도 북한이란 이름만 나와도 표정이 굳어지는 분이 많습니다. '원수까지 사랑하라'는 예수님을 믿는다고 말하지만, 북한 정권은 화해의 대상으로 생각하지 못하는 것이죠. 교회 내에서도 '남남갈등'이 심각하다고 할 수 있는데, 신부와 수녀들이 그리고 예수님을 따르는 사람들이 그리스도의 평화를 위한 '예언자적' 소명을 적극적으로 수행할 필요가 있다고 생각한 겁니다.

이재봉: 한국 천주교 주교회의 민족화해위원회(이하 민화위) 총무를 맡고 계십니다. 민화위의 성격과 활동 좀 소개해 주시겠어요?

강주석: 한국 천주교회가 200주년(1984년)을 준비하면서 1982년에 '한국 천주교 200주년 기념사업위원회 북한선교부'를 출범했는데, 1985년에는 '북한선교위원회', 그리고 1999년부터는 '민족화해위원회'로 명칭을 바꾸게 됩니다. 현재는 전국 모든 교구에서 이 민화위가 활동하고 있습니다. 200주년 당시 성 요한 바오로 2세 교황님의 방한을 앞두고 바티칸에서 북한에 남아 있는 신자들에 대한 질의가 있었고, 이것이 남한 천주교회가 북한에 대해 본격적인 관심을 표현하는 계기가 됐어요. 실제로 해방 직후 통계로 북한 지역에는 5만 5천여 명의 천주교 신자가 있었답니다.

민족화해위원회의 주요 활동은 한반도의 평화를 염원하는 기도를 바치고, 남북 교류 협력을 위해 노력하고 있습니다. 남한에 정착한 탈북민을 동반하며, 최근에는 평화 교육의 중요성을 더 깊이 인식하고 '민족화해학교' 등 교육에 주력하고 있지요. 적대적인 분단 구조를 바꾸기 위해서는, 북한만 변해야 하는 것이 아니라 우리도 같이 변해야 한다는 면에서 평화 교육이나 화해 교육이 절실하게 필요하다고 생각합니다.

과거 북한선교위원회에서 민족화해위원회로 명칭을 바꾼 역사를 되새길 필요가 있습니다. 현재 민족화해위원회가 단기간에 '북한 선교'를 추진하겠다는 목표보다는 한반도 전체의 평화를 우선하는 것을 보면, 한국 천주교회가 분열된 땅에서 자신의 본질적인 사명에 더 가깝게 다가가고 있다는 믿음이 있습니다.

이재봉: 좋습니다. 그런데 민화위 총무 이외에 가톨릭동북아평화 연구소장도 맡고 계십니다. 연구소 성격과 활동도 소개해 주시겠 어요?

강주석: 앞서 말씀드린 평화와 화해 교육을 위해 전국 모든 교구 에서 활용할 수 있도록 교육 프로그램과 학습 자료 등을 제공하고 있습니다. 또 출판 분야에서는 영문 번역을 시작했는데, 한반도 문제를 널리 알리고 싶기 때문이지요. 최근 '북한 인권' 논란에서도 볼 수 있듯이, 미국 등 국제 사회에서는 '대북 강경론'이 지나치게 우세합니다. '대북 적대 정책'에 변화를 주기 위해서 북한에 대한 인식에 변화가 필요하다고 봅니다.

평화에 대한 역대 교황들의 가르침을 보면 '연대'의 중요성이 강조되는데, 한반도 문제가 국제적인 문제인 만큼, 천주교의 국 제적인 연대를 위해서 매년 '국제학술대회'를 진행하고 있습니다. 특히 전쟁 위기가 고조되었던 2017년 12월에 열린 첫 번째 회 의에서는 무력이 아닌 대화를 통해서만 문제를 해결할 수 있다는 가톨릭교회의 입장을 재확인했으며, 이러한 입장은 미국 천주교 주교회의 국제정의평화위원회를 통해 당시 백악관 안보 보좌관

맥매스터(Herbert McMaster)에게 공개서한으로 전달했습니다.

이어서 2018년 12월에는 당시 미국 천주교 군종교구장 겸 주교회의 국제정의평화위원회 위원장을 맡고 있던 티머시 브롤리오 (Timothy P. Broglio) 대주교가 한국을 '연대 방문(Solidarity Visit)'했습니다. 브롤리오 대주교는 관계자들(서울대교구장 염수정 추기경, 주교회의 의장 김희중 대주교, 주교회의 민족화해위원장 이기헌 주교, 조명균 통일부 장관 등)과의 면담을 통해 한반도 문제에 대한 천주교회와 정부의 입장을 청취했으며, 민족화해위원회가 주최한 간담회에서 북미 협상 등의 현안과 인도적 지원 문제, 북한 인권 문제 등에 관해 의견을 교환했습니다. 연대 방문 일정을 마친 브롤리오 대주교는 2019년 1월 22일 '한국 연대 방문 및 한국 천주교 주교회의 요청 건'이라는 제목의 문건을 전체 미국 주교단과 일부 유럽 국가의 주교들, 그리고 미국 국무부에 보냈습니다.

한반도 상황의 변화를 위해서는 미국 등 관련 당사국들의 변화가 필요합니다. 사실 한반도 문제의 본질인 냉전적 대립에는 종교적인 요인이 상당 부분 작용하고 있기 때문에 각국 종교인들의 역할이 필수 불가결하거든요. 연구소가 국제학술대회 등의 활동을 통해 특히 미국의 종교계와 시민 사회가 연대할 수 있도록 노력할 것입니다.

이재봉: 민화위에서나 연구소에서나 좋은 일 많이 해오셨군요. 수고하셨습니다. 그런데 종교 내의 남녀 불평등과 관련해, 먼저 가톨릭 성직 제도에 관해 궁금한 게 있습니다. 천주교 성직자는 '성직 3품'을 받은 주교, 신부, 부제만 포함하는 것으로 알고 있어요. 수사(남자)와 수녀(여자)를 가리키는 수도자는 성직자가 아닌가요? 그래서 여성은 천주교 성직을 갖는 게 원천적으로 봉쇄되는 건가요? 혹시 이러한 성직 제도를 바꾸려는 움직임은 전혀 없었는가요?

강주석: 우선 수도자와 성직자는 구분이 되는 신분이지만, 수도자 중에는 성직자인 경우도 있습니다. 물론 남자 수도자(수사)만이 성직자가 될 수 있지요. 말씀하신 것처럼 현재까지 천주교에서 여성은 성직자가 될 수 없습니다.

여성 차별은 흔히 생각하듯이 이슬람이나 동양의 유교적 전통 등이 아니더라도 서구 문화와 그리스도교, 특히 그 뿌리라고 할 수 있는 천주교에도 차별의 문화가 있는 것입니다. 그런데 예를 들어 여권 신장의 역사를 보면, 이러한 평등에 대한 개념도 비교적 근래에 형성됐다는 것을 알 수 있어요. 여성 참정권은 물론이고 지금의 민주주의 개념 자체도 그리 오래된 생각이 아니었잖아요. 실제로 인류의 긴 역사 안에서 인간이 평등하다는 인식은 비교적 최근에 이루어진 것입니다.

천주교도 2000년의 긴 역사 안에서 오래전에 '제도화'됐던 모습을 유지하고 있는데, 이런 문화적인 측면을 지니는 종교의 전통은 쉽게 바꾸기 어렵습니다. 하지만 그리스도인은 '새 술은 새 부대에' 담아야 한다는 복음의 말씀을 기억해야 하겠지요. 종교인들이 전통만 고집할 것이 아니라 늘 깨어 있어야 한다는 것입니다. 교회 내의 보수와 진보가 다른 의견을 표출하는 상황이지만, 현재 프란치스코 교황은 여성의 성직 문제에 대해서도 변화를 위한 노력을 지속하고 있습니다.

그리고 한국 천주교회는 이 땅에 그리스도교 신앙이 전래됐을 때의 역사를 기억할 필요가 있습니다. 천주교를 처음 받아들인 사람들은 당시 유교 사회의 질서를 거부했어요. 평등을 가르치는 천주교의 교리가 진보적인 지식인과 대중에게 급속하게 확산했는데, 실제로 극심한 박해의 상황에서 여성들이 조선 천주교회에서 주도적인 역할을 하는 경우가 있었습니다. 정치적 요인도 있었지만, 기존의 사회 질서와 확연히 구별되는 모습을 가진 천주교는 조선 후기의 신분 사회에서 인정받기 어려웠고 결국 잔혹한 탄압을 받았습니다.

특히 천민 출신 순교자가 자신이 살아있는 동안에 이미 '평등한 천국'을 경험했다는 유언을 남긴 사례가 있어요. 선교사들을 파견

했던 유럽 등지에서보다 오히려 이상적인 평등의 공동체가 조선에
형성됐던 사실을 짐작할 수 있는 대목이지요.

이재봉: 제가 종교 내 남녀 차별에 대해 공부 좀 해 봤습니다만
그 사실은 모르고 있었네요. 좋은 말씀 고맙습니다. 아까 "천주교
신자 가운데도 북한이란 이름만 나와도 표정이 굳어지는 분들이
많다"고 하셨는데, 우리 사회에선 어느 집단 안에서도 이념 갈등
이 있기 마련이죠. 그런데 일반인들 특히 민주화와 평화통일에
관심 있는 사람들은 천주교 하면 '천주교정의구현전국사제단'을
먼저 떠올릴 것 같다. 저도 주교회의는 보수적, 정의구현사제단은
진보적이라는 시각을 가져왔습니다. 두 기관의 관계에 대해 궁금
합니다. 혹시 이념 갈등은 없는가요?

강주석: 역사적, 문화적 이유로 19세기부터 여러 나라에 주교회
의가 생겨났습니다. 주교회의는 사실 비교적 최근에 발전된 교회
제도라고 할 수 있지요. 천주교는 개별 교구가 절대적인 권한을
가지는 구조인데 주교회의는 이 교구들이 교회의 다양한 공동 관심
사에 대처하고 그에 대한 적절한 해결책을 찾으려는 특수한 사목을
위한 목적으로 설립되었습니다.
　교계 제도라는 측면에서 분명 '주교회의'는 보수적인 성격을

갖게 되는 경우가 많습니다. 전통을 중요시하고 교회의 일치를 위해 노력하기 때문이지요. 정의구현사제단과 같은 단체는 정당하지 못한 국가 권력과 사회 부조리에 맞서 변화를 추구했기 때문에 말씀하신 것처럼 진보적입니다. 천주교회 내에서도 진보와 보수의 갈등이 있는데 저는 이런 긴장도 자연스러운 현상이라고 생각합니다. 새에게 좌우의 날개가 필요하다고 말하듯이 교회 내에서도 진보와 보수가 다 필요한 것이지요. 진보와 보수 사이의 건강한 긴장도 교회를 하느님 나라로 이끄는 성령의 작용이라고 믿습니다.

일반 사회와 다른 점을 한 가지 덧붙이면, 천주교에서는 전통적으로 순명의 덕을 강조합니다. 천주교에서 말하는 순명은 하느님에 대한 사랑으로 자신을 희생하며, 자유 의지를 가지고 기쁨으로 명령에 따르는 덕을 뜻합니다. 특히 성직자들과 수도자들은 교황과 소속 직권자에게 존경과 순명을 표시할 의무가 있어요. 현대 사회에서 가장 우선되는 가치인 '자율'과는 반대되지만, 천주교회가 분열되지 않고 개인의 한계를 넘어서 '집단 지성'이 발휘되는 측면도 있습니다.

이재봉: 진보와 보수의 공존과 조화 좋습니다. 아주 중요하지요. 한 사회에 진보만 있다면 끊임없는 개혁을 통해 발전을 추구하기

쉬운 반면 사회 혼란을 부르며 안정을 해칠 수 있고, 보수만 있다면 안정을 유지하기 쉬운 반면 발전을 꾀하기 어려울 테니까요. 이와 관련해 넓게는 기독교 좁게는 천주교 안에서 기독교인의 현실 정치 참여에 대한 의견이 분분한 것 같습니다. 현황이 어떤가요?

강주석: '정교분리'에 대한 오해는 긴 역사를 가지고 있는데 교회 안팎에 널리 퍼져있습니다. '카이사르의 것은 카이사르에게 돌리고 하느님의 것은 하느님께 돌려라'라는 가장 흔하게 오역되는 성경 말씀이지요. 교회가 정치에 개입해서는 안 된다는 주장에 활용되는데, 사실 넓은 의미에서 정치와 종교는 어느 시대 어느 사회에서도 분리된 적이 없습니다. '정교분리'를 오해하는 사람들은 정치도 제대로 모르고 종교의 속성도 파악하지 못한 것이에요. 따라서 '정교분리'라는 개념은 정부(the State)와 교회(the Church)의 구별을 의미할 때 정당성을 갖습니다. 교회가 주의를 기울여야 하는 것은 '세속'의 권력과 결탁하는 유혹이지요.

천주교에서 교회의 활동을 일컫는 사목(司牧)에 대한 정의도 과거에는 영혼을 보살피는 일을 사목이라 하여 이를 오로지 성직자의 임무로 보았으나, 오늘날에는 '보편적 구원의 성사'로, 교회가 세상과 관련을 맺는 모든 활동을 두고 사목이라 일컫습니다. 물론 '세속'의 방식과는 구분되어야 하지만, 교회는 세상의 부조리,

불의와 비평화를 외면할 수 없고 오히려 세상 안에서 적극적으로 정의와 평화를 위해 노력해야 합니다.

이재봉: 이제 북녘 천주교에 관해 얘기해보죠. 저는 1998년 평양 장충성당을 방문해 신도 대표들을 좀 만나봤습니다. 당시 조선종교인협의회장을 맡고 다음 해 조선적십자사 총재가 된 장재언 선생과는 별도로 식사하며 깊은 얘기 나눌 수 있었는데 그도 천주교 신자였습니다. 조선종교인협의회장이란 직분으로 남쪽의 다양한 종교계 대표들과 교분이 있다고 했고, 미국의 전 클린턴 대통령이나 빌리 그레이엄 목사와의 만남을 자랑스레 얘기하기도 하더군요. 남쪽 천주교단에서는 신부나 수녀가 전혀 없이 신도만 수천 명이라는 '조선천주교인협회' 또는 '조선카톨릭교협회'를 어떻게 인식하는가요?

강주석: 사실 남한 천주교회에는 '조선카톨릭교협회'를 바라보는 두 가지 시각이 있습니다. 우선 '조선카톨릭교협회'와 '장충성당'의 진정성을 의심하는 입장으로, 말하자면 '가짜 신자'이기 때문에 인정할 수 없다는 주장이 있습니다. 반면에 남한과는 분명 다르지만 민족의 화해와 일치를 위해서 함께 대화하고 협력해야 할 대상으로 보는 입장도 있고요.

최근까지 주교회의 민족화해위원회 위원장을 지낸 이기헌 주교가 쓴 "장충성당 신자들을 어떻게 대할 것인가?"라는 글은 이러한 맥락에서 조선카톨릭교협회와 교류가 필요하다는 점을 강조하고 있습니다. 이 글에서 방북했던 남한의 주교들에게 기자들이 "그들이 진짜 신자냐?"라고 질문을 던지는 장면이 나오는데, 여기서 주교들은 "그렇다면 우리는 진짜 신자입니까?"라고 반문합니다. 그리스도교 선교 사명의 의미를 숙고하는 데 있어서 시사하는 바가 크다고 할 수 있습니다.

이재봉: 누가 만든 어떤 기준으로 신자를 진짜와 가짜로 나눌 것이냐는 문제군요. 아무튼 북녘에서는 1970년대에 평양신학원이 세워지고 1980년대에 김일성대학 종교학과가 생기면서 개신교 목사는 많이 양성되어왔다고 합니다. 그러나 천주교 신부는 배출되지 않고 있어요. 로마 교황청이 반대하는가요, 북한 당국이 거부하는가요? 그리고 로마 교황청 승인을 얻어 북한에서 사목하고 싶다는 남한 신부는 없는가요?

강주석: 1987년에 '조선천주교인협회'(1999년에 조선카톨릭교협회로 변경)의 출범이 있었고, 1988년에는 바티칸이 북한의 신자들을 초청하는 등 교류의 움직임이 있었으나, 1990년대 이후 공

식적인 관계로 발전하지 못했습니다.

저를 포함해서 북한에서 사목하고 싶은 신부는 꽤 많습니다. 하지만 천주교의 특성상 공식적인 절차가 필요하고, 비공식적이거나 '공격적인' 선교는 한반도 전체의 평화나 복음화에도 도움이 되지 않기 때문에, 바티칸과 북한 당국이 합의할 수 있도록 기도하며 노력하는 것이 현재 민족화해위원회의 일이라고 생각합니다.

특히 북한 당국이 '선교'에 대해 부정적인 인상을 가지고 있다는 점을 유념해야 합니다. 북한에서 살 때는 종교에 대해서 들어본 적이 없다는 탈북민들도 소학교 국어 교과서에 나오는 '악독한 선교사' 이야기를 기억하고 있어요. 미국 선교사가 과수원 땅에 떨어진 사과를 주워 먹은 소년을 붙잡아서 이마에 청강수(염산)로 '도적'이라는 글자를 새겨 넣었다는 이야기인데, 정권 초기부터 격렬하게 반목했던 미국의 종교에 대한 북한의 경계심을 적나라하게 표현한 것으로 볼 수 있습니다. 북한의 경우 그리스도교와 어떤 갈등이 구체적으로 있었는지 더 공부가 필요한데, 중국 등지에서는 선교가 잘못 이루어진 역사가 분명히 있습니다. 세례를 빨리 줘서 우리가 저들을 변화시키겠다는 마음보다는 한국 천주교회가 민족의 화해와 일치를 위해 노력하는 것이 본래의 선교의 의미에 더 부합한다고 믿습니다.

이재봉: 프란치스코 교황이 2014년 한국을 방문했습니다. 세월호 침몰 몇 달 뒤였는데 유가족 대표들을 껴안아 많은 사람에게 감동을 주었어요. 한반도 평화와 통일에도 큰 관심을 가진 거로 알려져 있습니다. 교황의 평양 방문 또는 북미 관계 주선 계획이나 가능성에 관해 얘기해 주시겠어요?

강주석: 교황의 평양 방문에 대해서 얘기할 때 바티칸이 과거 사도적 방문(Apostolic Journey)을 통해 국가 간 관계 정상화에 기여했던 역사를 돌아볼 필요가 있습니다. 미국과 쿠바 관계 개선이 대표적인 사례인데, 우선 1998년 1월에 최초로 이루어진 쿠바 방문에서 성 요한 바오로 2세는 쿠바의 개방을 촉구하면서 동시에 오랜 기간 이어진 미국의 대쿠바 경제 제재도 비판했어요. 당시 미국을 비롯한 서방 세계로부터 '인권 탄압 국가'로 비난을 받던 쿠바를 방문하기 위해서는 요한 바오로 2세의 결단이 필요했을 겁니다.

교황 요한 바오로 2세의 쿠바 방문은 현재의 프란치스코 교황에게도 깊은 인상을 주었습니다. 당시 아르헨티나 부에노스아이레스의 대주교였던 프란치스코 교황은 쿠바식의 권위주의적 사회주의에 대해 비판적인 견해를 나타냈지만, 동시에 미국의 대쿠바 무역 제재를 해제해야 한다는 요한 바로오 2세의 주장도 적극

지지했습니다. 결국 2015년에 쿠바를 방문한 프란치스코 교황은 미국과 쿠바의 국교 정상화에 결정적인 역할을 했지요. 특히 프란치스코 교황은 미국과 쿠바의 화해 과정에서 양국 대표단을 바티칸으로 초청해 외교 관계 정상화의 돌파구를 마련했다는 평가를 받고 있습니다.

북미 관계의 교착 국면이 장기화된 현 상황에서 종교계와 시민사회는 바티칸의 중재에 대한 기대를 표하고 있습니다. 프란치스코 교황은 한반도에 대한 깊은 관심을 계속 드러냈으며, 최근 교황청 성직자성 장관으로 임명된 유흥식 대주교에게도 방북에 대한 적극적인 의지를 수차례 확인해 주었습니다. 이백만 전 주 바티칸 대사 역시 교황의 방북 가능성에 대한 긍정적인 의견을 제시하는데, 2021년 10월 로마 G20 정상회의 기간이 한반도 평화 프로세스를 재가동할 수 있는 중요한 계기가 될 수 있다고 전망합니다.

이재봉: 좋은 소식 고맙습니다. 꼭 이루어지길 기대합니다. 한반도 평화와 통일을 위한 천주교의 역할에 대해 말씀해 주시겠어요?

강주석: 앞서 언급한 바티칸의 역할에서 주목할 수 있는 지점은 바이든 미국 대통령과 교황의 관계입니다. 미국 가톨릭교회 내에서 바이든 대통령에 대한 평가가 엇갈리는 것은 사실이지만, 바이든과

교황의 관계는 매우 친밀합니다. '리버럴 가톨릭(liberal catholic)'으로 평가받는 바이든이 미국 내 보수적인 가톨릭과의 갈등을 겪을수록 사회교리를 강조하는 교황과 더 긴밀하게 소통할 가능성이 있습니다. 바이든 대통령이 취임 후 문재인 대통령과의 첫 번째 전화 통화에서 '가톨릭'과 '교황'이라는 주제로 대화를 풀어 나갔다는 점은 바티칸과 천주교회의 역할에 거는 기대에 힘을 실어 주고 있어요.

조금 더 구체적으로는 한반도 평화 프로세스에서 주요 이슈인 경제 제재 문제에 대해 생각해 볼 수 있습니다. '가톨릭 사회교리'는 "경제적 제재는 지극히 신중하게 사용되어야 하는 수단이며, 엄격한 합법적 윤리적 기준을 따라야 한다. 경제 봉쇄는 기간이 한정적이어야 하며, 그에 따른 효과가 뚜렷하지 않을 때는 정당화될 수 없다."(「간추린 사회교리」 507항)고 가르칩니다. 이처럼 경제 제재는 그 목적과 효과가 분명해야 하고, 기간이 한정되어야 하며, 취약 계층에게 피해를 주지 말아야 한다는 것이 가톨릭 교회의 공식적인 입장입니다.

교황이 제재에 관한 사회교리를 북한에도 적용할 것을 부탁하고 미국의 바이든 대통령이 이를 어느 정도의 조건에서 수용할 수 있다면, 제재의 완화를 통해서 교착 국면에 빠진 한반도 평화 프로세스를 다시 추동하는 계기가 마련될 수 있을 겁니다. 교황의 방북은 북한 당국에서도 부담이 될 수 있는 사안이지만, 대화와 협력을 강조하는 프란치스코 교황의 성향을 믿고 북한이 적극성을 띨 수 있도록 우리 정부가 노력할 필요가 있습니다.

이재봉: 아, 문재인 대통령과 바이든 대통령이 천주교 신자군요. 과거 김대중 대통령도 천주교 신자였는데. 천주교 신자 대통령들이 교황과 함께 한반도 평화와 통일에 크게 기여할 수 있게 되길 기대합니다. 고맙습니다.

제 4 장

불교와 평화

: 평화와 통일을 위한 불교의 역할

* 지난주까지의 대담은 화상으로 진행했는데 이 대담은 남원 실상사에서 대면
  으로 이루어졌다. 상대적으로 긴 시간 자유롭게 대화를 나눌 수 있었다.

이재봉: 실상사를 직접 찾아와보니 좀 특이한 것 같습니다. 일반
적으로 절은 깊은 산속에 있는 것으로 생각하는데 실상사는 평지에
있잖아요. 먼저 실상사 소개부터 해주시겠습니까?

도법: 실상사는 일반인들의 머릿속에 있는 절 이미지와는 많이
다르지요. 경전에는 '사찰의 위치를 마을에서 너무 멀지도 가깝
지도 않은 곳에 자리 잡는 것이 좋다'라고 되어 있습니다. 그 이
유는 세속과 너무 가까이 있으면 세속에 휘말려 출가 수행자들이
자기 삶을 가꾸기에 어려움이 많기 때문이고, 너무 멀어 사람들
이 편안하게 찾아와 법을 배우고 수행을 하는 것이 어려우면 안
되기 때문이라고 되어 있습니다.
 불교 역사가 전개된 이래 시대마다 지역마다 다양한 변천이 일

어납니다. 기본적으로 대중과 함께 할 수 있도록 도시에 자리 잡은 사찰이 있는가 하면, 사람의 자취가 끊긴 깊고 높고 청정하고 고요한 곳에서 수행을 해야 된다는 신앙심에 따라 산악에 자리 잡은 절도 있습니다. 그런데 역사가 전개되는 과정에서 도시에 있는 사찰은 세상 풍파에 휩쓸려 많이 사라진 반면, 산악에 자리 잡은 절은 많이 남아있게 된 셈이죠. 사정이 그러거나 말거나 오랜 세월이 흐르는 동안 사람들은 자연스럽게 처음부터 절은 세상과 떨어진 깊은 산에 있는 것처럼 생각하게 되지 않았나 싶습니다.

특히 산악에 있는 사찰이 오랫동안 유지되는 것은 산악신앙과 사회적 상황이 관계가 있는 것으로 보입니다. 그리고 또 한 가지는 중국에서 탄생한 선종 불교는 무위자연의 노장 철학과 만나면서 완전히 중국화한 불교의 대표적인 예인데, 그런 관계로 산악에 자리 잡는 것을 선호하고 오래 유지되도록 하는 쪽으로 자연스럽게 마음이 모아진 현상이 아닌가 합니다.

실상사는 얼핏 보기에 평지 사찰입니다. 하지만 잘 보십시오. 지리산 자락에 골짜기도 넓습니다. 넓은 골짜기 한복판에 위치하기 때문에 바깥에서 보면 평지 사찰, 들판절로 보입니다. 하지만 실상사 마당에서 사방을 둘러보십시오. 실상사를 둘러싸고 있는 사방의 봉우리들은 대략 해발 1천m 이상입니다. 높은 봉우리들이 거대한 연꽃송이를 이루고 있고, 그 한 가운데 자리 잡고 있습니다. 그렇게 보면 대단히 깊은 산중절입니다. 그러므로 바깥에서 보면 들판절, 안에서 보면 산속절이죠. 풍수학상으로는 연화부수형(蓮花浮水形), 물 위에 떠있는 연꽃과 같은 모양의 터라는 의미입니다.

이재봉: 스님께서는 이 절에서만 30년 정도 계신 것으로 알고 있는데, 회주 스님이란 직함이 좀 생소합니다.

도법: 공적인 종단 체계에서 사찰을 대표하는 공식적인 소임은 주지입니다. 회주라는 소임은 전통적으로는 없었습니다. 이 직함이 만들어진 것은 오래되지 않았습니다. 어떤 경우냐면 위인설관(爲人設官), 즉 사람을 위해 만든 자리라고 볼 수 있겠습니다. 요새 현상으로 보면 공식적으로는 은퇴한 사람인데, 어떻게든 예우를 해야 해서 권한은 없지만, 상징적으로는 어른으로 자리매김할 수 있도록 하는 취지로 만들어진 셈입니다. 물론 그 사람이 가진 풍부한 경험을 잘 활용할 수 있도록 하는 것이 바람직하겠다는 의도도 담긴 문제의식의 결과물이죠. 쉽게 말하면 그 절의 뒷방 노인이고 좋게 이야기하면 그 절의 어르신 중 한 분이라고 생각하면 되겠습니다.

이재봉: 원로 스님이나 큰 스님, 사회단체 같은 데서는 고문이나 지도위원 비슷하겠군요. 도법 스님 하면 먼저 떠오르는 게 생명과 평화입니다. 스님께서 이끌어 온 단체 이름이 인드라망생명공동체인데, 인드라망이 무슨 뜻이고 무슨 일을 해 오신 것인지 이야기해 주시겠어요?

도법: 인드라망은 화엄경에 나오는 이야기인데, 부처님이 깨달은 내용을 나타내는 비유로, 원래는 인도 신화였습니다. 설명을 덧붙이면 인드라신 궁전에 펼쳐져 있다고 하는 그물 이야기를 불교적으로 활용하고 있는 거죠. 부처님께서 깨달은 진리를 연기법이라고 합니다. 이 진리를 사람들이 쉽게 이해할 수 있도록 하기 위해 비유로 사용하는 것이 인드라망입니다.

쉽게 말씀드리면 온 우주의 유형무형의 모든 것이 그물의 그물코처럼 서로 연결되어 있고, 서로 의지해 있고, 서로 영향과 도움을 주고받으며 존재하고, 그 판에 인간도 한 식구로 살고 있다는 말입니다. 그 내용을 가장 구체적이고 직접적이고 사실적으로 이해하도록 하기 위해 인드라망이라는 비유를 사용하게 되었습니다.

따라서 결과적으로 우리 모두는 한 손의 손바닥과 손등처럼 또는 한 몸의 왼손과 오른손처럼 연결되어 있기 때문에 우리가 갈 길은 너와 나, 이쪽과 저쪽, 인간과 자연이 모두 더불어 함께 사는 길을 가야 한다, 그 길 말고는 우리가 갈 길이 없다는 메시지를 담고 있는 것이 인드라망이라는 개념입니다.

저희가 하는 일은 일단 제가 불교인이니까 불교를 바람직하게 해보자는 것이죠. 현실적으로 모순과 혼란이 많은데, 한국 사회에서 불교적 대안이 뭐냐, 그 대안을 한번 찾아보자는 것이고, 다른 하나는 대부분의 중요한 사찰이 농촌에 있기도 하고, 제가 농촌에 대한 관심과 애정이 있고, 그리고 더 확대해서 생명이 안전한 한국 사회라는 관점에서 보면, 농촌이 굉장히 중요합니다. 그런데도 회복 불가능한 수준으로 무너져 가고 있습니다. 그래서 한국 사회의 사회적 대안으로 농촌 공동체, 마을 공동체를 고민해야 한다고 생각했습니다. 요약하면 불교적 대안으로는 실상 사부대중(四部大衆) 공동체, 사회적 대안으로는 마을 공동체, 이 두 가지를 한국 불교와 한국 사회의 모델이 될 수 있도록 내용을 완성해 보자는 뜻으로 활동을 하고 있는데, 그 이름이 인드라망생명공동체입니다. 더 폭넓게 표현하면 생명평화를 현실화하기 위해 활동하는 사람들의 모임이라고 이해하면 된다고 봅니다.

이재봉: 그 일환인지 모르겠습니다만, 2천년대 초로 기억하는데, 그 무렵 스님을 처음 알게 되었어요. 생명평화를 내걸고 1~2년 정도 탁발 순례를 하셨잖아요. 당시 순례 배경이나 의미를 짚어 주시겠어요?

도법: 제가 아는 게 불교밖에 없기 때문에 일단 불교 이야기로 시작하겠습니다. 부처님께서 처음 육십여 명의 제자가 생겼을 때, 전도 선언, 전법 선언을 합니다. 그 핵심 내용이 뭐냐면 "뭇 생명의 안락과 행복의 길을 위해 전법의 길을 떠나라"입니다. 불교의 존재 이유는 뭇 생명의 안락과 행복을 실현하기 위함이라는 말입니다. 저는 처음 여기에서 생명이라는 개념과 만났습니다.

제가 인연이 되어서 1992년 초 실상사에 와서 살게 되고, 그때부터 세상과의 만남이 시작됩니다. 제일 처음 만난 것이 귀농운동본부이고, 그 만남이 귀농 학교로, 대안 교육으로, 마을 공동체로 진화해 갑니다. 그 과정에서 2000년 무렵 목사님들의 제안을 받고 지리산 살리기 운동을 함께 하게 되는데, 당시가 20세기를 마감하고 21세기를 맞이하는 때였습니다. 그때 여러 종교인과 시민사회에 계신 분들이 많은 대화를 나누었습니다.

그 내용의 중심 주제는 대부분 새로운 천년, 새로운 미래였습니다. 대부분의 사람들이 그동안 해 온 것이 옳고 좋았으면 미래도 그냥 쭉 가자고 하면 되잖아요. 그런데 기적이라고 할 만큼 엄청난 변화와 발전을 이루어 낸 것은 틀림없지만 그 내용과 과정을 성찰적으로 살펴보면 대단히 많은 문제와 불확실성과 위험성이, 문명의 위기와 종말을 걱정하는 상황이 되었습니다. 정말 좋은 뜻으로 좋은 세상을 만들고자 애써왔는데, 우리 바람과는 정반대로 문명의 위기와 종말을 이야기해야 하는 최악의 상황이 된 거잖아요. 당연히 왜 이렇게 되었을까. 이제 어떻게 해야 할까 하는 물음 앞에서 전전긍긍하게 되었고, 지리산 운동을 하는 사람들이 줄기차게 많은 성찰적 대화를 했습니다.

그런 과정에서 생명이 안전하고 삶이 평화로울 수 있도록 하고자 하는 것이 우리 모두의 한결같은 염원인데, 왜 결과는 만나고 싶은 희망의 천사는 보이지 않고 불안과 공포에 떨 수밖에 없는 험악하기 그지없는 악마의 얼굴이 우리 앞에 떡 버티고 있는 것일까. 무엇이 문제일까. 어디에서 길을 잃은 것일까. 이제 어떻게 해야 할까 하고, 많은 진단과 모색을 했습니다. 물론 이유가 무수히 많지만 그중에 가장 근원적이고 본질적이고 유일한 원인으로 하나를 짚어낸 것이 이런저런 명분으로 이루어지는 편 가름에서부터 시작되고 있음에 주목했습니다.

너와 나, 이쪽저쪽, 기독교 불교, 이 나라 저 나라, 온통 편 가름의 관점과 입장과 방법으로 달려온 것이 지금까지의 우리 역사임을 알게 되었습니다. 우리가 왜 편 가름에 빠져들었을까. 편 가름을 넘어서는 길은 무엇일까? 어떻게 해야 할까? 하는 이야기들이 펼쳐졌습니다. 그리고 그 자리에서 온 우주의 유형무형의 모든 것들이 그물의 그물코처럼 존재하고 있는 것이 세계의 실상, 생명의 실상인데, 그 사실을 사실대로 알지 못함과 잘못된 이해

때문에 편 가름에 빠져들게 되었고, 길을 잃은 첫 자리가 그 자리임을 깨닫게 되었습니다. 첫 단추가 잘못 끼워진 다음에는 자기도 모르게 우리의 공통 염원인 생명평화도 편 가름의 관점과 입장과 방법으로 다루게 되었고, 그 결과 죽이고 죽이는 방식의 역사가 되었고, 끝내는 문명 위기를 자초하게 된 셈입니다.

결국 인드라망, 한 몸 한마음 한 생명의 진리대로 더불어 함께 사는 길을 가려면 누구나 동의할 수 있는 길과 방식으로 가야 할 터인데, 그렇게 할 수 있는 것이 무엇일까, 그렇게 해서 도출된 것이 생명평화입니다. 지금 여기 누구나 함께 할 수밖에 없는 생명평화는 철학적으로 논리적으로 접근하지 않고 매우 실사구시적으로 접근했습니다. 지금 여기에서 나에게 너에게 우리에게 가장 중요한 게 뭐냐, 그게 생명이다. 그리고 그 생명은 어떻게 살고 싶은가. 그게 평화다. 그렇다면 이 부분은 누구나 자기 화두일 수밖에 없기 때문에 이걸 중심에 놓고 미래의 길을 함께 찾아가 보자, 하고 합의를 한 것입니다. 그리고 생명평화를 대중과 함께 하려면 어떻게 해야 할까. 그렇게 이루어진 것이 '생명평화 탁발순례'입니다.

궁즉통(窮卽通)이라는 말처럼 저희는 아무것도 가진 게 없습니다. 그냥 생각들만 있지 말 그대로 맨손들입니다. 맨손이지만 대중과 함께하려면 어떻게 해야 할까. 하고 궁리한 끝에 도출된 방안이 탁발 순례였습니다. 일단 온몸으로 걷는다, 얻어먹는다, 얻어 잔다,

만난다, 대화한다는 입장으로 접근하면 맨손이지만 충분히 할 수 있지 않을까 하는 마음이었습니다.

좀 더 생각해 봅시다. 누군가를 찾아갔을 때 비행기 타고 왔다고 할 경우와 내가 두 발로 열흘을 걸어서 왔다고 했을 때, 맞이하는 사람의 입장이나 기분이 어떨까요? 본인을 만나기 위해 그 먼길을 걸어서 찾아왔다고 하면 대단히 강렬한 울림이 있을 것입니다. 마찬가지로 배고픈 사람에게 내 밥그릇을 나누어주고 나면 역시 그 마음도 뿌듯한 기쁨으로 가득할 것입니다. 잠잘 곳 없는 사람에게 잠자리를 나누어주었을 때도 다르지 않을 것입니다. 내용을 살펴보면 탁발이야말로 주는 자와 받는 자 모두의 삶을 질적으로 전환하고 승화시키는 수행의 의미가 빛날 수 있겠다는 판단이 들었습니다. 그래서 결론적으로 걷고 얻어먹고 얻어 자고 만나고 대화하는 탁발순례를 선택했습니다.

생명평화 탁발순례는 2004년 3월 1일 지리산 노고단에서 시작했고, 2008년 말에 끝났으니 한 5년간 순례를 했습니다. 한여름과 한겨울에는 조금 쉬었고요. 대충 3만 리를 걸었고, 8만 명 정도를 만나서 생명평화에 대한 이야기를 나눴습니다.

그때 절실한 마음으로 움직이게 된 것은 한반도 전쟁 위기설 때문이었습니다. 2003년 이라크 전쟁이 발발했는데, 당시 "이라크 다음은 한반도"라는 이야기가 많았습니다. 만일 한반도에서 전쟁이 일어난다면, 그 전쟁을 어떻게 막을 것인가, 많은 논의를 했지만 길을 찾을 수 없었습니다. 결국 비폭력 평화 행동 말고는 다른 길이 없다고 결론 내렸습니다. 모든 사람이 피난 갈 때 나는 전쟁을 평화적으로 막아내기 위해 기꺼이 비폭력 평화의 마음으로 날아오는 총알을 가슴으로 받아 안을 거야, 하고 작심한 사람 십만 명이 함께 휴전선으로 가서 단식도 하고 기도도 하고 세계 시민을 향해 호소도 하고 제안도 하고 "평화가 아니면 차라리 죽음을" 하고 온몸을 바쳐 행동한다면 세계 여론이 평화 여론으로 들끓을 것입니다. 그렇게 되면 미국도 전쟁 방식으로 한반도 문제를 다루는 것을 접지 않을 수 없을 것입니다.

우리가 맨손으로 전쟁을 막아내고 평화적으로 해결하는 길은 이 길뿐이라는 확신을 하게 되었습니다. 온 나라 시민 대중에게 친구 되어 함께 하자는 마음을 전달하기 위해 생명평화 탁발순례를 한 것입니다.

이재봉: 1~2년 정도인 줄 알았는데 5년이나 걸으셨군요. 스님의 상징처럼 된 게 생명평화인데, 제가 지금까지 내걸어온 게 비폭력 평화에요. 그걸 스님께 들으니 반갑습니다. 비폭력 정치학을 공부하고 비폭력 평화주의자를 자처하고 있거든요. 그런데 그렇게 숭고하고 고상한 취지를 갖고 5년 동안 순례하셨는데, 이른바 탁발이

에요. 쉽게 말하면 동냥이잖아요. 얻어먹고 얻어 자고. 한편으로 생각하면 얻어먹고 얻어 잔다는 건 민폐를 끼치는 거 아닙니까. 스님께서 걸어 다니면서 봉사 활동을 한다든지 생산 활동에 참여해서 무엇을 얻는 게 아니고 그냥 걷기만 하면서 얻어먹고 얻어 자신다는 거 아녜요. 이건 민폐인데 어떻게 받아들여야 할까요?

도법: 그렇습니다. 탁발은 쉽게 말하면 동냥질이라고 할 수 있죠. 하지만 그 내용은 매우 뜻이 깊습니다. 옛날 구도자들은 진리를 배우기 위해 스승을 찾아 얻어먹고 얻어 자며 멀고 험한 길을 걸어 다녔습니다. 안일하게 무위도식하려는 의도가 아니고 오로지 자기완성과 사회 완성을 이루고자 하는 뜻으로 온 존재를 바쳐 실천하는 숭고한 몸짓을 뜻합니다.

불교에서는 우리 생명이 그물의 그물코처럼 서로 의지해 있고 서로 영향과 도움을 주고받는 형태로 존재한다고 설명합니다. 따라서 세상은 일방향이 없고 늘 쌍방향입니다. 우리가 얻어먹고 얻어 자는 탁발 행위도 일반적인 시각으로 보면 무위도식이고, 해서는 안 될 짓으로 보일 수 있습니다.

하지만 실제의 내용을 잘 짚어보면 누군가의 얻어먹는 행위가 누군가에겐 선한 마음을 일으킬 기회가 됩니다. 우리는 늘 자기 중심, 나 중심으로 삶을 바라보고 다루기 때문에 조건 없이 누군가를 위해 좋은 마음을 내기가 쉽지 않습니다. 그런데 누군가가 정직하고 겸손하게 밥 한 그릇 주시오, 하고 청하면 주는 사람도 어지간하면 기쁜 마음, 좋은 마음으로 밥을 내주리라고 봅니다. 이것이야말로 한 인간을 정직하고 성실하게 만드는 행위 아니겠습니까. 이것이야말로 한 인간을 자기중심적이고 배타적인 사고 방식의 울타리를 걷어치우게 하는 놀라운 행위 아니겠습니까. 이것이야말로 아무 조건 없이 누군가를 진정으로 존중하고 배려하고 나누고 돕는 좋은 마음을 일으키게 하는 것이기 때문에 그 자체가 바로 우리 삶의 질적 변화와 향상과 완성도를 높여가는 바람직한 수행의 하나라고 해도 된다고 정리했습니다. 그런 의미에서 볼 때 탁발은 자리이타(自利利他), 즉 개인과 상대, 나아가 사회를 질적으로 완성하는 매우 거룩한 몸짓, 매우 바람직한 수행이라고 할 수 있습니다.

이재봉: 알겠습니다. 하기야 지난날 탁발은 우리에게 하나의 문화였지요. 종교인들뿐만 아니라 일반인들도 과거에는 마을을 지나가다 '밥 한 그릇 얻어먹고 갑시다'며 모르는 집에도 들렀던 게 아니겠어요. 그런데 도법 스님 하면 또 하나 떠오르는 게 화쟁입니다. 신라 원효 스님의 화두였던 것으로 기억합니다. 화쟁 하면 갈등, 대립, 대화, 중재, 협상, 타협 등이 연상되는데, 조계종은

종단 바깥에서 볼 때 매우 갈등이 많은 집단으로 인식되어 왔습니다. 스님께서 조계종 화쟁위원장을 맡게 된 배경이나 그 과정에서 있었던 일을 좀 소개해 주시겠어요?

도법: 잘 아시다시피 우리 민족이 낳은 위대한 사상가를 한 명 꼽으라면 대표적으로 원효 스님을 꼽을 수 있는데, 원효 스님의 사상을 대표하는 것이 화쟁 사상이죠. 그런데 제가 화쟁위원 활동을 하면서 현실 문제와 연결해 짚어보았을 때, 화쟁 사상은 중도 연기라는 부처님 가르침의 씨앗이 한반도 땅에서 한국적으로 피어난 꽃이라고 보았습니다. 부처님이 깨달으신 것을 중도 연기라고 합니다. 실천의 진리는 중도, 존재의 진리는 연기입니다. 중도를 우리말로 풀면, '있는 그대로의 길'이라고 할 수 있고, 일반적인 언어로 표현하면 실사구시(實事求是) 또는 과학적 태도와 방법이라고 할 수 있습니다. 한국적으로는 화쟁이라고 할 수 있고요. 다음 연기라는 말은 '관계의 진리', '상호 의존의 진리'라고 풀 수 있습니다. 앞에서 설명한 인드라망 이야기를 참고하시면 이해하는 데 도움이 될 것입니다.

화쟁의 핵심은 현장에 직면한 문제의 실상을 잘 드러내는 것입니다. 실상을 잘 드러내는 과정이 화쟁 실천이고, 실상이 잘 드러나면 당면한 문제가 정리되고 풀리고 더 나아가 풀 수 있는 기본

조건이 된다는 의미입니다. 현실적인 예로 우리가 갈등하고 싸우는 문제를 있는 그대로 그 실상을 드러내고 보면 대부분은 나는 옳고 너는 그르다는 사고에 빠져 헤매고 있을 뿐 정작 실상, 실제 내용에 대해서는 잘 모르고 있음이 드러납니다. 마치 코끼리의 실상을 모르는 봉사들이 서로 삿대질하며 싸우듯이 대부분 실상에 대한 무지와 착각 때문에 벌어진 싸움이므로 실상을 잘 드러내고 보면 풀리는 길이 환하게 열립니다. 그다음은 실상을 드러내는 것만으로 정리되지 않을 때에는 실재 내용인 실상을 토대로 관계된 사람들이 충분한 대화와 토론을 통해서 해답을 찾아내고 합의를 하면 다툼은 화해로, 그리고 더불어 함께로 전환하고 승화하는 것이 가능해집니다. 한마디로 화쟁인 것이죠.

저는 우리가 평화를 실현해 가려면 이 길 말고는 길이 없다고 생각합니다. 그래서 기회가 있을 때마다 불교계를 향해서 이 길을 가야 한다고 주장을 하는데, 별 반응들이 없었어요. 그런데 무슨 속내인지는 알 수 없지만, 총무원장이 화쟁위원회를 만들고 저에게 그 일을 좀 해 달라고 부탁을 해왔습니다. 저는 "좋다. 화쟁을 주제로 일을 한다면 기꺼이 하겠다."고 했지요. 그런데 저를 잘 알고 아꼈던 사람들이 이구동성으로 반대를 했습니다. 그 이유는 여러 가지가 있지만, 크게는 자승 총무원장 스님의 이미지가 별로 안 좋고, 연륜으로도 저보다 후배라는 것이지요. 절집 말로 수행자로 잘살아온 사람도 아니고 후배인데, 그 밑에 가서 일하는 것은 바보 같은 짓이라는 문제의식이 사람들에게 있었던 거죠.

그런데 저는 평소에 화쟁의 길을 가야 한다고 주장을 해온 사람입니다. 마침 총무원장이 그것을 하자고 하는데, 본질적이지도 않은 이런저런 이유로 내가 몸담아 살고 있는 집안일을 안 한다고 하는 게 내 사고방식으로는 썩 동의가 되지 않았습니다. 많은 논란이 있었지만 나는 이 길을 열어가는 게 대단히 중요하다고 보기 때문에 화쟁위원회 일을 하기로 마음먹고 시작을 했습니다.

이재봉: 후배인데다 널리 지지받지 못하는 총무원장 아래서 소임 맡는 것에 반대나 비판이 많았군요. 스님께서는 선배로서 후배 스님을 대변하겠다는 게 아니라, 종단 안에 많은 갈등과 다툼이 왜 생기는지 알아보고 화쟁을 통해 문제를 풀어보겠다는 생각으로 시작하셨다는 말씀이죠?

도법: 그렇습니다. '화쟁의 길을 열어보겠다'는 생각이었지요. 화쟁의 길은 불교 내부에도, 한국 사회 또는 남북 사이에도 열어야 하는 매우 중요하고 절실한 일입니다. 그래서 저희들이 화쟁위원회를 구성하고 첫 번째 선택한 의제가 사회적으로는 4대강 사업이고 불교계로는 명진 스님이 주지를 맡고 있던 절, 봉은사 문제입니다.

4대강 문제는 거의 끝나가는 시점이어서 할 수 있는 역할이 크지 않았지만, 그래도 화쟁이라는 관점에서 다루는 것이 좋겠다는 판단으로, 첫 번째 한 것이 대화의 자리를 만드는 것이었습니다. 국토해양부장관, 4대강 사업본부장, 여당 사무총장, 민주당 최고위원, 반대 대책위, 그리고 화쟁위원이 함께 하는 대화의 자리를 마련했습니다. 온 나라를 들썩이게 만들었던 일임에도 불구하고 관계된 책임자들이 모두 함께 대화하는 자리는 처음이었습니다. 함께 현장 방문도 하고, 대화와 합의로 풀어냄으로써 사회 통합의 물꼬가 트이도록 해보자고 합의가 되어 논의 단위가 만들어졌고 작지만 쉬운 것부터 합의하는 방식으로 접근했고, 제법 진척도 되었습니다. 너무 늦었고 한계가 분명하지만, 그럼에도 불구하고 대화의 자리를 만들고 운영하는 것 자체가 대단히 중요하다고 보았습니다. 하지만 안타깝게도 우려했던 문제가 현실로 나타났습니다. 걱정한 바처럼 가을 예산 국회 때 당시 여당이 4대강 사업 예산을 강행 처리해 버렸습니다. 이 문제를 풀려면 예산이 안 잡히게 만들어내야 하는데, 상황도 그렇고 우리 역량도 그렇고 그렇게까지 못 간 거지요. 결국 그 일을 더 이상 진척시키지 못하고 말았습니다.

다음은 불교 내부 일로 봉은사 문제입니다. 총무원장이 임명권을 갖고 있기 때문에 본인이 진행하면 되는 일입니다. 그런데 권력과 세력의 방식이 아니고 대화와 합의로 잘 풀어서 더불어 함께 할 수 있도록 했으면 하는 판단을 하고 화쟁위원회에 위임합니다. 일반적으로 생각하듯이 대충대충 적당적당 얼버무리고 뭉개고 그렇게 하지 않았습니다.

원장 스님이 많은 검토 끝에 화쟁위원회가 정리해 주면 그것을 그대로 받겠다고 했습니다. 그래서 화쟁위원회가 나섰고 바로 대화의 자리를 마련했지요. 화쟁위원회가 멍석을 펼쳤습니다. 봉은사에선 주지 명진 스님과 부주지 일화 스님, 그리고 총무원에서는 총무부장 영담 스님이 나와 대화를 시작했습니다. 종단 입장에선 봉은사를 직영 사찰로 지정하자는 주장이고, 명진 스님 입장에선 직영 사찰로 지정하면 절대 안 된다는 주장인데, 그 두 주장이 극단적으로 충돌하고 있었던 것이죠. 좋은 뜻으로 대화의 자리를 만들었지만, 따로따로 주장해온 것을 한자리에 앉아서 똑같은 주장을 되풀이하는 꼴일 뿐 한 걸음도 좁혀지지 않았습니다. 대부분 실망을 했죠. 시민 사회도 그렇고, 언론들도 그렇고, '그러면 그렇지. 조계종단이 대화로 풀어낸다는 것은 나무에 올라가 물고기를 잡는 격'이라는, 비아냥거림과 실망감을 드러냈습니다.

거의 자포자기 상태에 빠져 끝내려고 할 무렵, 화쟁위원 측에서 "마지막으로 한 가지만 짚어 보자"고 하면서 총무원 측에 다음과 같은 질문을 했습니다. "도대체 봉은사가 극력 반대를 함에도 불구하고 끝내 직영 사찰로 지정하려고 하는 이유가 무엇입니까?" 아주 원초적인 질문을 한 거지요. "봉은사와 종단 발전을 위해서 직영 사찰로 지정하는 게 바람직하다고 생각해서 하는 것이지 우리가 다른 생각을 갖고 있는 것이 아니다"라고 하는 것이 종단 입장이었습니다. 똑같은 질문을 명진 스님에게도 했습니다. "종단과 봉은사의 발전을 위해 직영 사찰로 지정을 한다는데 왜 극구 안 된다고 하는가. 그 이유가 무엇인가?" 역시 "봉은사와 종단 발전을 위해서는 직영 사찰로 지정하지 않는 것이 훨씬 바람직하기 때문"이라고 하는 것이 명진 스님의 입장이었습니다. 표현은 조금씩 다르지만 명분은 다름이 없었습니다.

바로 이어서 "당신들의 주장과 관계없이 제3의 시선으로 봉은사와 종단 발전을 위해 바람직한 방안이 만들어지면 그 안을 수용하겠습니까?" 하고 제안했습니다. 명진 스님은 "좋다. 받겠다"고 하는데, 총무원 측에서는 못 받겠다고 해요. 그래서 따지듯이 "그럼 앞뒤가 안 맞지 않는가. 봉은사와 종단 발전을 위한다는 명분이 진실이라면, 당연히 봉은사와 종단 발전을 위한 바람직한 안이 나오면 받아야 맞지 않나요?" 그랬더니, 총무원 측에서 "종단적으로 논의를 해야 할 사안이기 때문에 그다음에 답을 하겠다"며 한 걸음 물러섰습니다. 그래서 "좋습니다. 그렇다면 전향적으로 논의해서 합리적이고 바람직한 답을 주기 바란다"고 하고, 그 자

94

리를 정리했습니다.

그리고 며칠 후, 총무원 측에서 "바람직한 안을 만들면 그것을 받겠다"는 답이 왔습니다. 화쟁위원회는 그 답을 들은 즉시 봉은사와 총무원과 화쟁위원이 함께 봉은사 문제 특별소위원회를 꾸리고 바람직한 방안을 만든 다음 양측에 제안했습니다. 처음에는 양쪽이 좋다고 하며 다 받았습니다. 그런데 얼마쯤 뒤에 명진 스님이 무슨 사연인지는 잘 모르겠지만, "못 받겠다"며 거부합니다. 잘 풀려 가다가 결정적으로 더 곤란하게 꼬여가는 상황으로 흘러가기 시작합니다.

그 과정에서 많은 우여곡절을 거치게 되는데, 결국 명진 스님의 봉은사 주지 임기가 끝나게 되고 자동적으로 주지직을 내려놓게 됩니다. 비록 임기가 끝나면서 주지를 그만두게 되었지만 그럼에도 불구하고 여전히 다음 주지를 누가 할 것인가, 하는 과제를 안게 됩니다. 어쨌든 봉은사 문제를 잘 수습하고 안정적으로 발전해 갈 수 있도록 하려고 할 경우. 적임자가 누구일까 모색하고 모색한 끝에 명진 스님이 주지할 때 부주지로 함께 일을 했던 일화 스님을 후임 주지로 임명하도록 하는 것으로 활동을 일단락 지었습니다. 결론적으로 한마디 더 한다면 이 일은 동네방네 떠도는 이야기 말고 실제 내용을 종합적으로 잘 파악하고 균형 있게 다루어보면 떠도는 이야기와는 정반대의 평가를 하게 되리라 판단합니다.

이재봉: 잠깐만요. 제 학생들이 명진 스님이나 봉은사 문제를 잘 모를 거예요. 일반인들은 잘 알겠지만 명진 스님은 제가 2년 전에 대담자로 모신 적이 있습니다. 그때도 봉은사 이야기가 나왔습니다. 간단하게 말하자면, 봉은사는 서울 도심 강남에 자리 잡고 있는 사찰인데 속된 말로 돈이 엄청 들어온다는 절이에요. 강남 사람들이 신도들이니까.

도법: 역사와 전통도 대단한 절입니다.

이재봉: 그 절을 명진 스님은 재정을 완전히 공개하면서 투명하게 운영했다고 했습니다.

도법: 그렇습니다. 잘했습니다.

이재봉: 종단에서는 다른 생각을 하는 것 같다는 것이 명진 스님의 말씀이었어요. 명진 스님은 투명하게 운영해 왔으니까 독립 사찰처럼 운영하면 된다는 것이고, 종단에서는 그렇게 크고 중요한 서울 한복판의 사찰을 종단에서 직접 운영해야 된다는 것이었다고, 그 과정에서 스님께서 중재자 역할을 하신 건데, 이제 제 학생들이 어느 정도 문제의 배경을 이해할 수 있겠네요.

다음으로 껄끄러운 질문 하나 드리겠습니다. 스님을 대담자로 모시겠다고 생각한 게 지난 2월이었습니다. 그리고 이러이러한 분들을 모시고 대담할 것이라고 홍보했어요. 훌륭한 분들을 많이 모시기 때문에 제 학생들뿐만 아니라 일반인들도 청중으로 대담을 들을 수 있도록 하려고요. 그런데 스님을 대담자로 모시는 것에 반대한다면서 저와 제 조교에게 극성스럽게 전화를 하거나 문자 보내신 분들이 적지 않았습니다. 의견을 들어보니까 스님께서 화쟁위원장을 하시면서 그분들 기대에 어긋나게 일하신 게 있는 것 같더군요. 이 기회에 그분들의 불만이나 오해 좀 풀어 주실 수 있겠어요?

도법: 아까 얘기를 조금만 더 하겠습니다. 명진 스님은 당신과 함께 일을 했던 스님이 후임자가 되길 바랐어요. 그런데 총무원장과 명진 스님의 갈등이 너무 골이 깊다 보니 총무원장은 거기에 동의를 잘 안 했어요. 이미 돌아올 수 없는 강을 건넌 상황이라며 상당히 강경했습니다. 그렇지만 화쟁위원회 입장에서는 많은 논의와 검토 끝에 비록 그렇다 하더라도 이 스님이 후임을 맡는 것이 후유증을 줄이면서 정상화하는 데 바람직하겠다는 판단으로 총무원장을 설득했습니다. 못마땅하지만 일을 위해서는 그렇게 하는 것이 최선의 길임을 거듭 강조하여 그렇게 정리했습니다.

아까 말씀하신 내용에 대해 그분들께 말씀을 드린다면, 첫째는 봉은사와 총무원, 자승 스님과 명진 스님 문제는 조계종단 정치 상황에서 만들어진 문제인데, 그 문제를 정치 상황과 무관하게 이루어진 화쟁위원회의 일을 다 섞어서 나를 판단하는 것은 적절치 않다는 것을 잘 살폈으면 합니다.

두 번째는 제가 8년 동안 화쟁위원장을 했습니다. 8년 동안 했던 내용을 가지고 이야기했으면 좋겠습니다. 제가 정말 그렇게 비난받고 또는 욕을 얻어먹을 내용인가. 지금까지 봤을 때 내용을 가지고 문제 제기하는 것을 본 적이 없습니다. 누구든지 내용을 가지고 이야기하면 좋겠습니다. 그것이 기본적인 생각이에요. 그럼 에도 불구하고 정치적인 관계, 또는 여러 가지 다른 관계들이 얽혀서 편이 갈리고 입장이 갈리고 화가 나고 상처를 받는 그런 현상의 하나인데, 내가 뭘 어찌하겠습니까. '그럴 수도 있겠구나.' 내가 좀 더 출중하고 탁월한 능력이 있었으면 그런저런 문제들이 생기지 않게 할 수 있었을 터인데, 그렇게 하지 못한 미안함과 아쉬움이 있습니다. 그런 정도로 말씀드릴 수 있겠습니다.

이재봉: 좋습니다. 이것도 좀 말씀해 주시겠습니까? 화쟁위원장 하시면서 이명박 정부 4대강 문제와 봉은사 직영 사찰 문제 말고, 이석기 의원 석방 문제도 스님께서 다루신 걸로 기억합니다. 제가

2014년 이석기 의원 항소심에서 이른바 전문가 증언을 하느라 친북이나 종북 소리 좀 들었는데, 스님께서도 그 문제에 대해 수고하신 것 같더군요.

도법: 사실 저는 그런 문제를 잘 모릅니다. 제가 화쟁위원장을 하는데 구속자 석방을 위해 활동하는 가족들이 찾아오셨습니다. 사정을 이야기하면서 이 문제를 풀 수 있도록 화쟁위원회가 역할을 해주면 좋겠다고 해요. 잘은 모르지만 이야기를 들어보니 잘 풀고 정리해야 될 일이라고 생각되었습니다. 상식적인 수준에서만 보더라도 과연 통합진보당 해산과 이석기 의원을 구속까지 해야 할 일인가 하는 의문이 들었기 때문입니다.

그래서 한 번은 재판정에 가서 다섯 시간 가까이 앉아서 방청했습니다. 제가 잘 모르니까, 중요한 재판이라고 해서 가봤지요. 다른 것은 모르지만 제 상식적인 감으로 이야기를 하면, 검사 측에서는 구속을 주장하고 벌을 강화하는 논리를 펼치잖습니까. 그런데 그 논리를 들어보니 너무 억지스러웠습니다. 어쩌면 현실적으로 자기 마음과는 다른 이야기도 해야 하는 것이 검사라는 자리인 것 같았습니다. 그 속내가 너무 빤히 보이더군요. 그 재판을 보면서 유족들의 요청에 진지하게 응답해야 하는 것이 맞겠다고 판단했습니다. 그때가 박근혜 정부 때였어요. 유족들의 요청은

"진보 쪽에 계시는 어른들이 많이 힘써 주시는데, 그때는 진보 쪽에서 아무리 서명을 하고 성명을 내도 영향력이 크지 않다. 그러니 보수 종단의 대표가 석방 탄원을 해주면 좋겠다. 그래야 효과가 나타난다"는 것이었습니다.

우리 조계종단도 보수적인 종단이지만, 총무원장 스님도 보수적이거든요. 그래도 내용으로 봤을 때, 당사자를 위해서도 필요한 일이겠지만 한국 사회 인권 문제나 민주주의라는 문제를 놓고 보더라도 이런 문제는 빨리 바람직하게 정리되면 좋겠고, 불교계도 이런 역할을 할 때 누가 보더라도 잘했다고 할 일이 아닌가 하는 생각으로 총무원장 스님께 제안을 했습니다. 그랬더니 기꺼이 "탄원서 냅시다"고 했습니다.

이재봉: 스님께서 보수적인 총무원장에게 이석기 의원 석방 탄원서를 내자고 제안했는데, 총무원장이 받아들였다고요?

도법: 네. 그리고 그 과정에서 조계종단의 움직임들이 전달이 되어 염수정 추기경님께서도 함께 하셨습니다. 그런데 그 뒤로 보니 불교계를 향해 엄청난 압박이 들어오더라고요. 전방위적으로 탄원을 철회하라는 요구가 밀물처럼 몰려왔습니다. 그분들이 대부분 불교계의 실세들이고 총무원장을 지지하는 사람들이었습니다. 총무

원장 스님 입장에서는 엄청 부담스러웠을 것입니다. 그런데도 일관되게 중심을 잘 잡고 흔들리지 않았습니다. 나중에 판결 내용을 보니 "종교계 원로들의 탄원에 영향을 받지 않았다"는 언급이 있었습니다. 그것을 봐도 저간의 사정을 충분히 짐작하게 하는 대목이 아닌가 합니다. 어쨌든 자승 총무원장 문제는 참으로 말도 많고 탈도 많았습니다. 그렇지만 다른 것은 다 놔두고, 제가 화쟁위원장을 맡은 8년 동안 직접 관계한 것만을 갖고 말씀드리면, 역대 어떤 총무원장도 정치·사회적으로 민감한 문제에 대해 자승 총무원장만큼 관심 갖고 역할 한 사람이 없었다고 봅니다. 정치적으로 이미지적으로 뒤섞어서 비난하기보다는 8년간 정치·사회적인 문제에 대해 실제 어떻게 참여하고 역할을 했는지 그 내용을 갖고 진지하게 이야기하는 것이 상식적으로 옳다고 봅니다.

이재봉: 알겠습니다. 제가 불편한 질문만 드리는지 모르겠는데요, 다른 종교에서도 남녀평등에 대해서 조금 껄끄러운 질문을 하나씩 드렸어요. 우리 인구의 절반이 여성입니다. 그런데 여성들이 종교 안에서도 극심한 차별을 받아 왔어요. 인구의 절반이 차별을 받고 있는데 우리가 어떻게 평등을 추구하며 비폭력 평화 세상을 만들 수 있을까 하는 게 제 오래된 생각입니다. 불교 안에서도 꽤 심한 것 같습니다.

도법: 그런 문제들이 남아 있죠.

이재봉: 팔경법이라고 있지요?

도법: 비구니 팔경법

이재봉: 비구니, 여자 스님들은 비구, 남자 스님들한테 나이나 경력에 관계없이 먼저 경배해야 한다면서요? 여자는 부처가 될 수 없다는 말도 있고요. 불교 역사가 2000년이 훨씬 넘었으니까 그때는 그랬더라도 시대의 변화에 따라 이런 것을 개선해야 되겠다는 움직임이 화쟁위원회 안에서라도 없습니까?

도법: 화쟁위원장으로 일을 할 때 불교계 밖의 사회적인 문제는 화쟁이라는 이름으로 이런저런 문제를 다루었습니다. 반면 불교계 안에서는 정치적으로 얽혀 있어서 훨씬 복잡합니다. 그래서 정치적으로 해석되고 다루어지는 것을 피하기 위해 불교 내부 문제는 '대중공사(大衆公事)'라는 이름으로 길 찾기 작업을 했습니다.

이재봉: 대중공사?

도법: 대중이 모여서 논의를 하고 합의를 한다는 뜻입니다. 비구니 팔경법을 예로 들어 주셨는데, 그 내용을 놓고 보면, 불교의 교주인 부처님이 남녀 차별주의자였는가. 그건 아니라고 장담할 수 있어요. 왜 그러냐면 첫째, 여성도 수행하면 남성들과 마찬가지로 깨달을 수 있다고 했습니다. 둘째, 세월로 보면 벌써 2,700년 가까이 된 일입니다. 당시에 여성은 거의 소유물처럼 취급되던 사회였습니다. 그런데 그때에는 종교가 사회의 최고 정점에 있지 않았습니까. 그럼에도 불구하고 남성과 다름없이 여성도 출가해서 스님이 될 수 있도록 한 것은 그야말로 혁명적인 일입니다. 어쨌든 여성의 출가를 허용해서 비구니 승단을 만듭니다. 역사적인 맥락을 짚어봤을 때 부처님이 여성을 차별하거나 소홀히 한 분은 절대 아니었다고 봅니다. 그렇다면 비구니 팔경법을 다루는 경전들이 있는 이유는 무엇인가 하는 의문이 남습니다. 부처님의 뜻과는 다르게 후대로 오면서 발전적으로 진화하지 못하고 오히려 더 왜곡되거나 악용되는 폐단이 곳곳에 나타납니다. 여전히 그런 문제가 한국 불교에도 고스란히 있는 것이 현실입니다.

잘 알고 있듯이 대부분 일반 대중은 관성대로 가지 않습니까. 그런데도 소수이긴 하지만 부처님의 뜻에 맞고 인류가 추구하는 보편적 이상과 가치에 부합하도록 바람직하게 진화해가려는 고민과 모색을 하는 사람들이 있습니다. 그렇지만 기대보다 숫자가 적고 약세입니다. 그렇기 때문에 정면 돌파해 가지 못하고 돌고 돌면서 점진적으로 진전시키려고 하는 정도의 역할이 있습니다. 불교 내부에서는 화쟁이라는 이름 대신 대중공사라는 이름의 장을 통해서 화쟁의 문화를 우리 집안에 스며들도록 해왔다고 말씀드릴 수 있겠습니다. 구체적으로 무슨 이야기인가 하면 종단의 중대 사안을 비구, 비구니, 남자 신도, 여자 신도가 공평하게 둘러앉아서 같이 논의하고 합의하고, 합의된 내용을 진행시키는 활동 무대를 대중공사라고 합니다. 그 자리에는 총무원장도, 본사 주지도, 종회의원도, 선원 수좌도, 남자 신자도, 여자 신자도 모두 평등한 자세로 함께 합니다. 누구나 당당한 주체로 평등하게 함께 대화하고 소통하는 문화가 향상되도록 하려고 하는 나름의 역할을 한 8년 한 셈입니다.

이재봉: 불교뿐만 아니라 모든 종교의 창시자, 예수든 마호메트든, 그분들은 남녀 차별하지 않았다고 합니다. 여성에 대한 당시의 차별 문화가 전통이 되어버린 거죠.

도법: 제 생각도 다르지 않습니다. 다만 아쉽게 생각하는 것이 한 가지 있는데, 남녀 차별로 피해를 보는 직접 당사자는 비구니 스님과 여성 신도이잖습니까. 그러므로 당사자들이 더 적극적으로

나서서 길을 찾고 만들어가야 할 법한데, 그렇지 않습니다. 이 점이 사회와 많이 다르지 않을까 싶네요. 그래서 더 어려움이 많고 큰 것 같습니다.

이재봉: 제가 남자지만 평화학을 공부하면서 여성학 공부도 조금이나마 하게 됐고, 남녀평등에 관한 글도 좀 썼기에 시비 걸어봤습니다. 이제 재밌는 질문 하나 드리겠습니다. 우리 사회에서 많이 쓰는 말 가운데 '절이 싫으면 중이 떠나야지'라는 게 있잖아요. 저는 이 말을 싫어합니다. 절이 싫으면 자기 마음에 들도록 고쳐나가는 게 바람직하지, 절이 싫다고 그냥 떠나는 건 너무 소극적 자세 아니냐는 거죠. 그런데 왜 이런 말이 나왔을까요?

도법: 아까 도 닦는 사람들이 왜 그렇게 갈등과 다툼이 심하냐는 질문도 하셨는데, 저도 왜 그런지 잘 모르겠어요. 도 닦는 사람들이 왜 그러는지. 그렇게 되는 이유는 기본적으로 자기 세계관에 투철하지 못한 결과라고 보고 있습니다. '절이 싫으면 중이 떠나라'는 말이 속담처럼 전해오고 있는데, 그것도 왜 그런지 잘 모르겠습니다. 그런데 곰곰이 생각해 보면 어쩌면 이런 게 아닐까 싶습니다. 불교 수행에서는 집착하지 않는 것, 집착을 내려놓을 것을 매우 강조합니다. 스님들은 특히 수행자로서 '집착하지 않아야

105

된다', '집착을 버려야 한다', '내려놓아야 한다', '자유로워야 한다'고 극단적으로 강조되는 분위기에서 삽니다. 그러다 보니 절에 어떤 문제가 있을 때 그것을 고치겠다고 집요하게 노력할 경우, "저 자식은 왜 저렇게 집착하는 거야. 수행자가 돼서 왜 그렇게 집착이 심해." 이런 이야기를 듣게 되곤 하거든요. 그러니까 불교 세계관과 실천의 진리인 중도 연기에 대한 왜곡된 이해와 인식이 일반화되면서 어떻게 보면 대단히 패배적인 사고방식으로 나타난 것이 아닌가 합니다.

이재봉: 원래는 집착을 경계하는 말인 것 같다, 아주 좋습니다.

도법: 당연히 문제가 있으면 잘 풀고 더 좋은 쪽으로 만들어가는 게 기본적으로 올바른 태도이고 바람직한 태도인 거죠. 그런데 그렇게 못하니 우리가 일반적으로 말하는 악화가 양화를 구축한다고 하는 꼴이 되어버리고, 도 닦는 수행자들의 집단인데 다른 데보다 더 갈등과 다툼이 심한 상황을 가져오게 되고 이렇게 된다고 봐요. 이런 점에서 불교 하는 사람들이 내용을 잘 파악하고 올바르게 실현해 가도록 더 헌신적으로 노력해야 하지 않을까 싶습니다.

이재봉: 좋은 말씀 고맙습니다. 스님께서는 오랫동안 생명과 평화를 화두로 삼고 운동해 오셨는데, 사실 평화라는 게 범위가 너무 넓어요. 그래서 범위를 좀 좁혀서 통일로 옮겨 볼까요? 스님께서 1~2년 전엔가 통일에 대한 단상을 발표하셨잖습니까. 물론 생명평화에 대한 단상의 일부였는데요. 생명평화 가운데서도 통일에 초점을 맞춰 스님 생각을 말씀해 주시겠어요?

도법: 통일 문제는 전문가들이 계시고, 특별하게 관심을 갖고 열정적으로 하시는 분들이 계시고, 기타 보통 대중도 한반도에 살아가는 대한민국 사람이라면 누구든 관심을 안 가질 수 없는 문제이지 않습니까. 당연히 관심을 가질 수밖에 없고, 또 관심을 가져야 마땅하고요. 그러나 통일이 바람직하게 실현되도록 하기 위해서는 어떻게 해야 할 것인가에 대해서는 아마 관점이 각각일 수밖에 없을 겁니다. 저는 통일도 화쟁이라는 관점에서 접근해야 하고 화쟁이라는 관점에서 이루어지는 게 가장 바람직하다고 생각합니다. 그러려면 통일에 다다를 수 있는 징검다리가 필요하다고 보고 있고, 그 징검다리의 핵심이 평화라고 생각합니다.

이재봉: 평화를 통해 통일로!

도법: 네. 그렇습니다. 그런 차원에서 봤을 때 저는 최근 한국 사회 현상 중에서 몇 가지 주목하는 사건이 있는데요, 첫째는 세월호 사건입니다. 세월호 사건이 벌어졌을 때 누가 시킨 것도 아닌데, 온 국민이 이구동성으로 말했습니다. "내가 달라질게. 이 나라를 새로운 나라로 만들게." 이 말은 어쩌면 물에 잠기는 아이들을 상대로 한 정직한 약속입니다. 저는 이 마음들을 어떻게 현실화할 것인가 하는 문제의식이 있습니다.

둘째는 촛불입니다. "새로운 길을 열겠다", "새로운 미래를 열겠다", "새로운 나라를 만들겠다" 이것도 결국 같은 마음이죠.

셋째는 문재인 대통령의 남북정상회담을 주목하고 있습니다. 그렇게 봤을 때 온 국민이 스스로 마음을 낸 그 바람들을 현실화할 수 있는 길은 뭘까. 그건 결과적으로 우리 안의 만남과 대화와 합의를 통한 길 찾기라고 봅니다. 제가 보기에는 세월호의 마음을 잘 담아내고, 촛불의 뜻을 잘 담아내서 명실상부하게 새로운 길을 연 대표적인 행위가 문재인 대통령의 남북정상회담이라고 봅니다.

그러니까 세월호의 마음도 그렇고, 촛불의 뜻도 그렇고, 그냥 진보나 민주당을 지지한 것이 아니라는 거죠. 어쩌면 진보와 보수를 넘어서서 이쪽저쪽을 넘어서서 새로운 길, 우리 모두가 함께할 수 있는 참된 길, 우리 희망이 구체화 될 수 있는 바람직한 길을 열어 줬으면 좋겠다, 열어 가자, 이게 그 뜻이라고 봅니다.

저는 이 뜻에 맞는 대표적인 몸짓이 문재인 대통령의 남북정상회담이라고 봤고, 그렇기 때문에 역대 정상 회담을 훌쩍 뛰어넘어서 세계가 주목하고 감동하는 기적 같은 일을 이루어낸 거죠. 물론 지금은 여러 상황으로 빛이 바래긴 했지만.

그리고 사실은 제가 제일 아쉽다고 생각하는 것은, 그렇게 기적 같은 길을 열어냈으면 범종교계와 시민 사회가 한반도 평화가 우리 길이 되도록 하기 위해서 한반도 평화를 위한 많은 활동이 일어났어야 한다고 보는 거죠. 그랬으면 나는 상황이 달라졌으리라고 봐요. 그래서 조계종단에도 그런 제안을 했지요. 어쩌면 불교가 평화의 종갓집이라고 할 수 있는데, 마침 정부가 한반도 평화의 기치를 내걸고 길을 가고 있다. 그럼 한국 불교가 한반도 평화를 위한 범종단적인 천일 순례를 한다든지 해서 한반도 평화가 공중에 떠 있는 멋진 말이 아니라 실제 우리가 두 발로 서있는 땅으로 스며 들어가도록 하는 역할을 해야 하지 않겠는가 하고요.

평화가 왜 통일에 다가서는 데 중요한 징검다리라고 생각하느냐 하면, 작은 판이든 큰 판이든 잘 보십시오. 상황이 평화롭지 않으면 그 어떤 것도 정상적으로 다루어지지 않습니다. 문제가 정상적으로 다루어지지 않는데, 그 무엇인들 제대로 되겠습니까. 제대로 안 되니 악순환이 반복, 확대될 수밖에 없지요. 그렇게 되는 이유는 세상 이치가 그렇게 되게 되어 있기 때문입니다.

그러므로 목숨을 걸고 평화적인 방식으로 접근해야 합니다. 어떤 판이든 평화적이어야 문제가 평화적으로 다뤄질 수 있습니다. 통일은 더 말할 것도 없죠. 그렇게 봤을 때 문 대통령의 정상 회담을 잘 관찰하면 그 안에 우리가 받아들여야 할 지혜가 들어있습니다. 정상 회담에 담겨 있는 지혜가 우리가 찾는 희망의 정답이라고 봅니다.

잘 보시면 역대 남북정상회담은 방점이 통일에 찍혀 있었습니다. 물론 많은 미사여구로 포장되어 있지만, 통일은 너와 내가 편을 갈라 있다는 전제가 확고하게 자리 잡고 있습니다. 그렇기 때문에 자기편에 유리하게 통일을 하려고 하게 되고, 온갖 잔머리를 굴리는 싸움을 하게 됩니다. 그러므로 허심탄회한 접근과 대화가 거의 불가능합니다. 음흉한 머리싸움을 안 할 수가 없습니다. 그렇지만 평화는 방점이 '같이 살자'에 있습니다. 같이 살자는 논리이기 때문에 허심탄회한 대화를 할 수가 있습니다. 지금 여기 너에게도 나에게도, 그리고 남에도 북에도 평화가 중요하다, 그러므로 한반도에 평화가 정착되도록 함께 평화의 징검다리를 놓자고 했기 때문에 기적 같은 길이 열렸던 것입니다. 그래서 저는 대통령의 정상 회담에 담겨 있는 관점과 태도와 방식을 지혜라는 말로 표현하고 있고, 그 지혜를 한국 사회 안으로 가져와야 한다고 하는 것입니다.

우리는 그동안 악마 같은 존재로 여겼던 김정은 위원장과는 "같이 살자"고 이야기를 하고 있는데, 똑같이 악마라고 생각하고 있는지는 몰라도 엄연하게 대한민국이라는 체제 안에 함께 사는 여야, 진보 보수, 좌파 우파는 같이 살기 위해 공들이는 모습이 잘 안 보입니다. 제 상식으로 봤을 때 일의 선후가 바뀌었다고 봅니다.

나는 우리 안의 문제를 풀어내는 것이 남북문제를 안정적으로 풀어갈 수 있는 기본 바탕이 된다고 생각합니다. 만일 서로 잡고 있는 발목을 풀지 않고 그냥 놔둔 채 어떤 기회에 힘이 생겨서 이쪽으로 끌고 간다고 해서 이쪽으로 갈 수 있겠습니까. 또 저쪽으로 끌고 간다고 해서 저쪽으로 갈 수 있겠습니까. 혹 그렇게 된다고 해서 과연 괜찮을까요. 바람직할까요. 글쎄요. 확률적으로 바람직하게 되기는 어려우리라 판단합니다. 세상에는 이치가 있는 법입니다. 가능하면 이치에 맞게 가는 것이 상식적으로 바람직합니다. 그 길이 무엇이겠습니까. 바로 서로 발목을 잡고 있는 것을 풀어내야 합니다. 그 길이 바로 정상 회담의 지혜입니다.

정상 회담의 관점과 태도와 방식을 우리 안으로 가져와서 여야가 진보 보수가 좌파 우파가, 정말로 한반도 평화를 위해 정상 회담하듯이, 하나는 우리 안의 비무장 지대를 형성하고 비무장 지대가 멍석이 되어서 이쪽저쪽이 함께 모여 한반도 평화가 현실이

111

되도록 대화와 토론으로 합의를 도출해내야 합니다. 효과적으로 해볼 수 있는 일은 세 가지라고 생각합니다.

이재봉: 잠깐만요. 스님 말씀 들어보니 남북정상회담 못지않게 우리 안에서도 뭔가를 해야 한다는 거네요. 우리가 통일을 이야기할 때 남북 갈등도 매우 중요하지만, 남남 갈등이라는 것도 무시 못 할 정도거든요. 지금 스님이 말씀하시는 게 그것 같습니다.

도법: 그렇습니다.

이재봉: 그러니까 남쪽 안의 갈등을 해결하지 못하고 있는데, 이걸 풀지 못하고 어찌 남북관계를 안정적으로 이끌어 나갈 수 있겠느냐는 거죠? 효과적으로 해볼 수 있다고 생각하는 세 가지가 뭔가요?

도법: 우리 안의 정상 회담이 필요하다고 생각합니다. 문재인 대통령이 남북정상회담을 통해 기적 같은 길을 열었는데, 그때 대통령이 갖고 있었던 지혜, 그것을 우리 안으로 갖고 와야 한다는 말입니다. 그래서 우리 안의 비무장 지대, 화쟁위원회 같은 대화 마당을 만들고, 우리 안의 정상 회담을 해야 합니다. 상대를 인정

하고 존중하고 배려하면서 말이죠. 그러면 구체적으로 무엇을 해야 하는가.

첫째, 제가 내용은 자세히 몰라도 기본적으로 역대 우리 정부의 박정희 대통령도, 노태우 대통령도, 김대중 대통령도, 노무현 대통령도 남북 합의를 했습니다. 내용도 모두 다 괜찮고 바람직하다고 합니다. 한번 생각해 봅시다. 최근의 판문점 선언도 여야 합의가 안 되면 정권이 바뀌는 순간 대부분 사문화되지 않나요? 그동안 우리는 지금껏 그 길을 걸어왔다고 봅니다. 그 결과가 70년 넘게 좌우 대립, 남북 분단의 짐을 짊어진 채 전전긍긍하고 있는 것이 아닌가 합니다. 지금은 좀 실기(失期)했지만, 정상 회담할 때만 놓고 보더라도 보수가 붕괴되는 상황이었습니다. 그때 손을 내밀었어야 했다고 봅니다. 역대 정상들이 했던 남북 합의 내용을 여야가 합의하자, 어느 쪽 누가 집권하든 합의된 내용의 방향과 기조로 남북문제를 풀고 만들어가자고 손을 내밀었으면 그때는 손을 잡았을 가능성이 높았다고 봅니다. 늦었지만 여전히 나는 그 길을 열어 가야 한다고 생각합니다.

둘째, DMZ 문제입니다. 저는 생명평화운동을 하는 사람으로서 지금은 생태적 가치가 대단히 중요한 시대라고 봅니다. 좌우 남북이 함께 DMZ 생명평화 선언을 해야 합니다. 북쪽도 반대하지 않을 것입니다. 이 일은 국민운동처럼 이루어져야 합니다. 만일

113

좌우 남북이 함께 DMZ 생명평화 선언을 한다면 그것은 그대로 민족 선언이 되는 것입니다. 북쪽이 우리 민족끼리 하자고 하는데, 국민운동, 민족 운동으로 전개되면 훨씬 더 힘있게 갈 수 있지 않을까요?

셋째, 한반도 평화 선언인데 마찬가지입니다. 자연스럽게 여야 진보 보수 좌우가 함께 하고 남북이 함께해서 한반도 평화 선언을 하는 것입니다. 말 그대로 국민운동, 민족 운동으로 펼쳐지면 틀림없이 전 세계 여론이 지지할 것입니다. 유엔도 적극적으로 지지하고 나아가 유엔이 해야 할 역할을 적극적으로 할 것입니다. 그렇게 되면 주변 강대국들도 그 흐름을 가볍게 취급하지 못할 것입니다. 어쩌면 자기들에게 결정적인 손실이 오지 않는 한, 함께 할 것입니다.

저는 일의 맥락으로 봤을 때 이렇게 풀어서 가는 것이 가장 옳기도 하고, 바람직하기도 하다고 판단합니다. 그렇게 해서 평화롭게 만나고 교류하고 대화하고 협력하는 방식으로 진행이 되노라면 통일 문제는 그 안에서 저절로 무르익고 꽃이 피고 열매 맺는 쪽으로 가게 된다고 확신합니다. 저는 그렇게 가는 것이 이치에 맞는 길이고, 상식에 맞는 길이고, 효과적인 길이고, 바람직한 길이라고 봅니다.

얼핏 생각하면 현실성 없는 허망한 이야기로 보일 수 있습니다.

대부분 정치적으로 법적으로 다루어야 할 문제라고들 합니다. 당연히 그런 점이 있지요. 하지만 제가 드리는 말씀은 한 축으로는 민간 운동으로 사회적 흐름을 만들어내는 것을 기반으로 삼고, 다른 한 축으로는 정치적이고 법적으로 다루어갈 때 바람직하게 풀고 바람직하게 발전하게 된다고 보는 것입니다.

이재봉: 아무래도 스님께서 평양에 직접 가셔야 할 것 같습니다. 지금 스님이 말씀하신 DMZ 생태와 관련해서는 이명박-박근혜 정권에서도 제기했어요. 대개 남쪽에서는 한민족을 강조하면서 사회·문화 교류를 확대하다 보면 자연스레 통일 쪽으로 나아갈 수 있으리라 생각하고, 북쪽에서는 정치 문제와 군사 문제가 첨예하게 부딪치고 있는데 이런 기본적이고 중요한 문제를 먼저 풀어야 사회·문화 교류를 확대할 수 있다고 주장하거든요. 그러니 스님께서 북쪽에 가셔서 그곳 지도자들을 먼저 설득하셔야겠습니다.

도법: 저는 우리 사회가 설득되어야 한다고 봐요. 대한민국이 설득되어야 그다음 이야기가 가능하다고 봐요. 그리고 문재인 대통령도 임기 말을 앞두고 있잖아요. 지금 무슨 일을 하기는 어렵겠지만, 문재인 대통령이 최고로 잘한 일이 정상 회담 아닙니까. 차기 대권을 갖고 무엇을 하려고 하는 사람들은 최대한 이 부분을

잘 살려내야 한다고 봅니다.

한마디로 뭐겠습니까. 함께 살자, 함께 가자는 거죠. 여야, 진보 보수, 좌우, 남북이, 저는 모든 분야에서 함께 가는 길을 여는 데 앞장서야 한다고 봅니다. 노사도 함께 가자, 지역도 함께 가자, 남녀도 함께 가자, 좌우도 함께 가자 등등 그렇게 함께 가는 길에 징검다리를 놓기 위해 내가 대통령이 되겠다, 이렇게 나와야 한 다고 봅니다. 우리 사회가 그렇게 접근하면 북쪽에서도 한국 사회에 대한 생각이나 신뢰하는 태도가 달라질 것입니다. "아, 저 사람들 좀 보소. 함께해볼 만하겠네." 하는 마음이 나게 만들 어야지 머리싸움 해서 풀릴 일은 아니라고 생각합니다.

이재봉: 좋습니다. 이제 마무리 말씀 부탁드립니다. 제 학생들 대 상으로 해도 좋고, 일반인들에게도 좋습니다. 우리 사회를 향해 서도 좋고요.

도법: 제가 다시 더 말한들 지금까지 한 이야기에서 벗어나겠습 니까만, 지금까지 해왔던 이야기를 상기하는 의미에서 다시 한번 말씀드리겠습니다. 일상적으로 경험해 보면 현장의 관계, 현장의 삶과 역할이 평화적으로 진행될 수 있는 기본이 되었을 때 뭔가 문제를 다루어도 제대로 다룰 수 있고 무슨 일을 모색해도 바람

직하게 효과적으로 되더라고요. 이것은 큰판이나 작은 판도 똑같습니다. 그렇게 볼 때 한국 사회 안에서, 우선은 남북으로 나가지 말고, 정상 회담에 담겨 있는 지혜를 우리 안으로 가져오자, 그래서 우리 안에 비무장 지대를 형성하자. 옛말로 하면 싸움은 말리고 흥정은 붙인다는 속담도 있지 않습니까. 누군가가 그 역할을 해야 하지 않겠습니까.

제가 볼 때 그런 고민을 하는 분들이 많은데, 대부분 사심 없이 나라를 걱정하는 어르신들입니다. 사심 없이, 정치적 야심 없이, 그런 분들이 대단히 많은데, 그런 분들이 비무장 지대에 서시고 이분들의 영향으로 이쪽저쪽 합리적 대화가 가능한 분들이 나오셔서 같이 합의할 부분은 합의하고, 그것을 사회의 공론으로 자리 잡도록 해가는 것입니다. 그렇게 하면 작은 현장에도 자연스럽게 그 흐름이 작동해서 훨씬 편안하게 효과적으로 삶의 문제를 다룰 수 있게 될 것입니다. 평소 전체 판에서도 그렇게 갔을 때, 어쩌면 이쪽저쪽 편이 갈리고, 가슴 속에 얽혀 있는 마음의 철조망들이 풀리고, 얼어붙은 응어리도 녹아내리고 말 그대로 명실상부하게 같은 민족, 같은 국민이라는 한 식구로 함께하는 길이 열리지 않을까. 열리지 말라고 해도 저절로 열릴 것이 틀림없습니다. 그렇게 했을 때, 우리 미래를 열어 가는 길도 바람직하게 열릴 것이라고 생각을 하게 되는데, 이 생각을 더 절실하게 하게 되는 것은 코로나를 겪으면서 더 그렇습니다.

지금 코로나를 겪어 보니 그 어디 그 누구이든 더불어 함께 접근하지 않으면 제대로 할 수 있는 일이 아무것도 없음을 경험했습니다. 기후 위기 문제, 코로나 문제 등등의 것을 놓고 보더라도 지금이야말로 더불어 함께 사는 길을 가는 토대를 놓는 것이 현실 문제를 풀어내고 미래의 길을 열어 가는 데 반드시 갖춰져야 할 필수 조건이라는 관점에서 마음을 모아 갔으면 하는 마음입니다.

이재봉: 코로나 때문에 자유롭게 활동하기 어려운데요, 원로 스님으로서 여기 실상사에만 계시지 말고, 생명평화 탁발순례하실 때처럼 전국적으로 돌아다니시면서 우리 안에 그어져 있는 거짓 휴전선 그리고 우리 안에 설치된 비무장 지대를 없애는 데 힘써 주시기 바랍니다. 도법 회주 스님, 오랜 시간 좋은 말씀 고맙습니다.

제 5 장

원불교와 평화

: 평화와 통일을 위한 원불교의 역할

이재봉: 원불교가 한국 4대 종교에 포함되지만 아직 잘 모르는 사람이 적지 않으리라 생각합니다. 이들을 위해 원불교를 간략하게 소개해 주시겠어요?

원익선: 원불교는 현대 불교, 현대 종교입니다. 1916년 소태산 박중빈(少太山 朴重彬, 1891~1943년, 이하 소태산)의 깨달음으로부터 시작되었습니다. 진리에 대한 깨달음을 얻은 후, 그는 물질의 노예가 되어가는 인류를 그 노예 생활로부터 해방시키기 위해 협동조합을 만들어 공동체 생활을 시작했습니다. 그가 깨달음 얻은 곳이자 고향인 전라남도 영광군 백수면 길룡리에서 제자들과 함께 간척지의 방언 공사를 시작으로 금주 금연, 허례허식 타파 등으로 민중의 삶을 고양시켰습니다. 그리고 제자들과 함께 고통의 바다에 빠진 대중을 구제하겠다는 기도를 올려 진리계로부터 인증을 받게 됩니다.

1924년에는 전북 익산으로 옮겨 불법연구회를 창립합니다. 이곳에서 본격적으로 자급자족, 주경야독, 반농반선(半農半禪, 하루의 반은 농사를 짓고, 반은 수행을 한다는 말로 생활과 수행을 일치시키기 위한 삶의 방식)의 공동체가 시작되었습니다. 당시 이곳은 이상향으로써 대중의 관심을 끌며 식민지하에 신음하는 민중의 안식처가 되었습니다. 일제로부터 갖은 고초를 겪었지만, 해방 후까지 살아남아 1947년 원불교로 교명을 바꾸었습니다. 물론 소태산은 민족의 해방을 보지 못하고 열반했습니다.

그의 제자 정산 송규(鼎山 宋奎, 1900~1962년, 이하 정산)는 원불교의 위상을 한 단계 높였습니다. 종교로서의 교단적 정체성을 확립하고, 소태산이 언명한 교화, 교육, 자선 세 방면의 활동을 줄기차게 추진했습니다. 1946년 원불교 예비 교역자를 양성하는 학교인 유일학림(唯一學林)이라는 이름으로 시작된 교육 기관이 오늘날 원광대학교가 되었습니다. 불법의 시대화, 생활화, 대중화를 통해 이제는 세계로도 진출하고 있습니다.

최근 정산의 탄생지이자 구도지인 경북 성주군 소성리의 사드 철폐 운동이나 영광군에서의 줄기찬 반핵 운동은 한국 사회의 대표적인 사회 운동이 되고 있습니다. 원불교는 "물질이 개벽되니 정신을 개벽하자"라는 슬로건을 들고 나왔습니다. 이러한 개교 표어에 걸맞게 자본주의에 의해 피폐해지고 부조리한 사회 문제에 개입함으로써 원불교의 존재 의미를 더욱 깊고 넓게 하고 있습니다. 가장 한국적인 종교이면서 보편적 가치로 가득 찬 원불교를 예의 주시할 필요가 있지 않을까 생각합니다.

이재봉: 좋습니다. 교무님은 원불교 성직자이자 원불교학 교수로, 불교학을 전공하신 걸로 알고 있습니다. 불교와 원불교의 차이점을 간단하게 얘기해 주시겠어요?

원익선: 소태산은 1935년에 『조선불교혁신론』을 통해 재래의 불법과는 다른 현대의 불법을 주장했습니다. 재래의 불법은 곧 전통 불교를 말합니다. 석가모니불 이래 2500년 동안 역사와 문화를 형성하여 온 불교가 다수의 대중을 위해 활동하지 못함을 비판했습니다. 출가자 위주의 사찰의 모습, 산속 종교로 전락한 불교, 대중에게 도움이 되지 않는 불법 등을 이제 모든 사람들을 위한 불교와 불법으로 전환하자고 주장했습니다.

　예를 하나 들면, 불공(佛供)입니다. 며느리가 시어머니와 불화가 생기자 노부부는 절을 찾아가 부처님께 불공을 올리고자 합니다. 그러자 소태산은 노부부에게 며느리를 부처님에게 불공하듯이 대해 보라고 합니다. 그러면 바뀔 것이라고 합니다. 그대로 실행해 보니 과연 며느리가 노부부를 공경하기 시작했습니다. 이제까지 불공은 절에 계신 불상에게 하는 것으로만 생각하고 그렇게 해왔습니다. 그러나 소태산은 실제 살아계신 부처님은 우리 인간임을 선언한 것입니다. 그것을 바로 처처불상(處處佛像), 즉 모든 곳에 부처가 있다는 말로 표현했습니다. 그리고 사사불공(事事佛供), 즉 모든 존재에게 부처님처럼 불공을 올리자는 것입니다. 사람에게는 불성이 있으므로 그 불성을 발견하여 부처님처럼 행동하면 부처가 됩니다. 내가 먼저 그러한 삶을 살아가면, 세계는 불국토가 되는 것입니다. 이처럼 불교를 개혁하고자 했습니다.

또한 모든 존재는 무한한 부처, 우주적인 부처에 보호받고 있으므로 은혜가 아닐 수 없습니다. 이를 천지, 부모, 동포, 법률의 사은(四恩)으로 제시해 주었습니다. 신앙의 대상과 수행의 표본은 법신불 일원상(法身佛 一圓相)으로 나타냈습니다. 법신불은 진리의 근원이자 모든 부처와 성현의 마음, 우리 모든 중생의 근본 마음을 말하며, 일원상은 그 진리를 상징적으로 드러낸 것입니다. 우주 모두가 부처 아님이 없으며, 모든 존재가 부처로 화현되어 있음을 보여준 것입니다. 결국 원불교는 불법을 우리 삶에서 그대로 구현하기 위해 나온 종교라고 할 수 있습니다.

불교가 주로 산속의 사찰을 중심으로 운영되고 있습니다만, 원불교는 사람이 많이 사는 곳에서 불법을 전파하고 있습니다. 물론 요새는 불교도 도심 포교라고 해서 도시로 많이 진출하여 다양한 활동을 하고 있습니다. 근대로부터 이러한 정신을 바로 표방하고 실천해 왔다는 데에 원불교 탄생의 의미가 있다고 할 수 있습니다. 또한 불교에서 전통적으로 나누어져 있는 재가와 출가라는 이분법적인 구분을 철폐하고, 함께 교단을 운영해 가는 시스템을 두고 있습니다. 누구든 교단의 주인이 되어 세상에 정의와 평화를 구현해 가고자 하는 종교라고 할 수 있습니다.

이재봉: 교무님은 몇 년간 「경향신문」 '사유와 성찰' 칼럼을 써오셨습니다. 거기에선 "원익선 교무. 원광대 평화연구소"로 소개하고 있어요. 학교에서는 원영상 교수로 불리고요. 원불교 성직자들은 왜 대외적으로도 이름을 두 개 써서 혼란을 주는 거죠?

원익선: 원불교학과 교수는 한 학과의 소속에 불과합니다. 평화연구소는 모든 사람들의 열망인 평화를 위한 연구소입니다. 소장인 제가 평화연구소를 앞세운 것은 너무나 당연한 일입니다. 원불교는 입교와 동시에 법명(法名)을 받습니다. 가톨릭의 세례명이나 불교의 불명은 같은 의미입니다. 새로운 인간으로 태어났다는 거죠. 자신의 존재 의미가 성현들의 가르침으로 확고해진 겁니다. 기독교의 하느님을 받아들이면, 자신의 삶의 의미가 하느님께로 귀결되듯이, 원불교 또한 법명을 받음으로 인해 소태산이 힘든 수행

끝에 얻은 깨달음의 가르침에 귀의하는 것입니다.

저는 논문이나 다른 글에 원래의 이름인 원영상을 넣습니다. 학문을 연구하는 학자로서 원래의 이름을 그대로 드러내고 있습니다. 순수한 연구자의 입장을 보이는 거죠. 그런데 「경향신문」 칼럼에서 만큼은 지난 5년 동안 원익선이라는 법명을 썼습니다. 일종의 '이중 플레이'라고도 할 수 있는데 자신의 종교적 신념을 그대로 보여주기 위해서입니다.

제 전공은 불교학인데, 세부 전공에는 불교와 원불교의 관계를 밝히는 것도 포함됩니다. 원불교는 불법을 통해 현대 문제를 해결하기 위해 나온 것으로 전통 종교와는 차별화되어 있습니다. 말하자면 현대 문명의 병폐를 불법으로 치료, 치유한다는 점입니다. 그래서 칼럼을 쓸 때도 불법으로 어떻게 하면 인류 문명의 병맥을 진단하고 고칠 것인가 고민합니다. 제 글을 살펴보면 그런 고뇌의 흔적이 묻어 있습니다. 저는 정치가, 물리학자, 엔지니어가 아니기 때문에 그러한 방식의 글을 쓸 줄을 모릅니다. 그러나 종교적 방식, 특히 불법에 기반하여 여러 사회 문제와 세계 문제를 분석하고 대안을 제시하는 것은 가능하지 않을까 생각합니다.

그러니 제 법명을 명확히 드러내어 제 종교적 양심과 학문적 성향을 고백하고 제 글에 대한 책임을 지겠다는 의지를 보여줄 수밖에 없습니다. 법명은 그러한 저의 종교적 학문적 신념을 그대로 나타내기 위해 사용하고 있습니다. 여러 곳에서 좋은 글이라고 연락이 올 때면 자부심이 생기는데, 어떤 비난의 댓글을 보면, '아, 나의 양심에 대해 채찍질을 하고 있구나'라는 생각이 듭니다. 마음을 낮추는 것이 가능한 거죠. 모든 비판은 종교인으로 성숙하는 데에 큰 도움이 됩니다.

이재봉: 신문 칼럼에 원광대학교 교수라는 직함보다 '원광대학교 평화연구소' 소속이라고 밝히는데, 얘기 나온 김에 평화연구소에 관해서도 간단히 소개해 주시겠어요?

원익선: 원광대학교 평화연구소는 이재봉 교수님이 만들어서 운영해오던 연구소입니다. 작년에 정년퇴임을 앞두고, 평화에 관심 있는 후배인 저를 발견하시고는 '얼씨구나' 하고 물려주신 것입니다. 자연스러운 승계가 되었는데 전통적으로 선종에서 깨달음을 인가받은 것처럼 기분이 좋습니다. 평화학과 북한·통일 문제를 깊이 연구해 오신 선배 교수님으로부터 평화연구소라는 인가장을 받게 되어 어떤 학문적, 실천적 성과가 없는 제가 호가호위(狐假虎威)를 하는 느낌입니다.

지난 학기에는 이재봉 교수님의 주선과 지도로 개성공업지구지원재단이 주최하고 저희 평화연구소가 주관한 '개성공단 청년

아카데미'가 열리기도 했습니다. 국내 최고의 북한 전문가들을 모시고 함께 공부했는데 역시 교수님의 내공이 엄청나다는 것을 실감했습니다. 한 10년 만이라도 따라다녔으면 하는데 아쉽습니다.

사실 교수님을 본격적으로 만난 것은 소성리에서 사드 철폐 운동을 통해서입니다. 제가 지금 부원장으로 있는 원광대학교 원불교사상연구원과 서울대학교 통일평화연구원과의 공동학술대회를 소성리에서 개최했습니다. 그때 정세현 전 통일부장관과 김성곤 전 국회의원의 대담을 진행하셨는데 대중으로부터 큰 인기를 얻었습니다. 소성리 한반도 평화 특강은 대중에게 감동을 줬습니다. 저는 그때, 이 교수님이야말로 진정한 평화주의자, 평화학자임을 느꼈습니다. 이후 이 분야의 제자가 되는 것에 큰 기쁨을 느꼈는데 평화연구소가 제 일이 되고, 평화 연구와 활동마저 계승하지 않으면 안 되게 되었습니다. 참으로 늦게 평화에 눈 뜨게 해 주셔서 감사를 드립니다.

향후에 이 연구소를 성장시켜 세계적인 평화연구소를 만들고자 합니다. 세계 곳곳의 평화연구소들과 연대하여 지구적 차원의 평화정착 프로그램을 완성시키고 실천하여 평화학의 메카로 만들고자 합니다. 원광대학에 군사학과는 있지만 평화학과가 없습니다. 평화야말로 원광대학의 건학이념은 물론 원불교 창립의 의미입니다. 이것을 구현하는 것이 제 남은 일생의 사업이 될 것입니다.

이재봉: 저에 대한 극찬에 민망해집니다. 제 칭찬을 듣기 위해 평화연구소 얘기를 꺼낸 것 같군요. 주제를 좀 바꾸죠. 아까 말씀하신 제2대 종법사인 정산이 1945년 해방 직후 펴낸 『건국론』을 보면 종교 지도자가 정치 지도자 못지않게 정부 수립과 통일 문제에 전문적이고 적극적이었습니다. 저는 한반도 중립화를 공부하고 구상하며 그분의 '중도주의'를 인용하기도 했는데, 『건국론』의 내용 좀 알려주시겠어요?

원익선: 1945년 해방이 되자마자 남과 북이 절반씩 미국과 소련에 점령되었습니다. 이해에 정산은 『건국론』을 지어 해방 이후에 새로운 국가를 건설하자고 제시했습니다. 종교인이 이러한 글을 쓴다는 것은 매우 어려운 일인데 그만큼 유학자로서의 내성외왕(內聖外王, 안으로는 성인 되고, 밖으로는 그 능력으로 세상을 바르게 이끌어 간다는 뜻으로 유교를 비롯한 동양 종교의 특징이다.)의 정신과 원불교가 갖는 참여 종교(Engaged Buddhism)로서의 위상을 잘 보여준 것이라고 할 수 있습니다.

당시에는 우리가 주체적으로 나라를 운영해야 함에도 외국, 그것도 양분된 채로 살아가야 하는 운명에 처해 있었습니다. 『건국론』이를 타개하고자 한 지혜라고 할 수 있습니다. 지금 생각해 보면, 그때 사회적으로 여러 좋은 의견을 모아 하나의 나라를 만들지 못하여 결국 처참한 전쟁을 치루고, 결국 지금까지도 남과 북이 반목의 세월을 보내는 고통으로 가득 찬 나라가 되었다는 생각이 듭니다.

제1장 서언에서는 광복 정국에 대한 생각과 새로운 나라 건설에 대한 이상, 틀, 구체적인 대안 제시의 필요성을 말하고 있습니다. 핵심은 "정신으로써 근본을 삼고, 정치와 교육으로써 줄기를 삼으며, 국방, 건설, 경제로써 가지와 잎을 삼고, 진화의 도로써 결과를 얻어 국력을 배양하자는 것"입니다. 매우 체계적임을 알 수 있습니다.

제2장 정신에서는 계급이나 계층, 정치 이념이나 지역, 개인의 권력욕이나 이해관계를 떠나 민족 대단합의 입장에서 마음을 모아야 한다고 설하고 있습니다. ① 마음단결 ② 자력확립 ③ 충의봉공(忠義奉公) ④ 통제명정(統制明正) ⑤ 대국관찰(大局觀察)을 제시합니다. 마음 단결에서는 10개 항을 제시하여 마음 단결을 주장하고, 사대주의자들을 경계하며 자력 확립을 내세우고 있습니다. 건국은 사익보다는 나라를 위한 충성심으로 봉공해야 한다고 하며, 나라를 세우는 사람들의 지도력을 인정, 문명한 민족으로 나아가야 한다고 합니다. 마지막으로 작은 욕심, 눈앞의 욕심에 끌리지 말고 대국의 마음을 가져야 공존 공영할 수 있다고 합니다.

제3장 정치에서는 ① 조선 현시에 적당한 민주국 건설 ② 중

도주의 운용 ③ 시정간명(施政簡明) ④ 헌법 엄정 ⑤ 국민 훈련 보급 ⑥ 자립을 위한 실력 양성 ⑦ 종교 장려를 제시합니다. 민주주의를 정치 이념으로 제시하고 한국적인 체제를 만들 것, 모든 계층과 지역이 함께 번영하는 정치 운영, 국민 생활 위주의 행정 지향, 새 민주 국가에 걸맞은 국민으로서의 훈련의 필요성, 국가를 스스로 지키고 자립하며 자급자족을 위한 실력 양성, 문명국가의 국민이 되기 위한 합리적 종교 신앙의 필요성, 종교와 교육을 정치적 체제와 함께 제도화하자고 하고 있습니다.

제4장 교육에서는 ① 초등 교육 의무제 ② 중등 전문 대학 확장 ③ 정신 교육 향상 ④ 예의 교육 향상 ⑤ 근로 교육 실습을 제시합니다. 현대 국가 설립을 위한 교육의 중요성을 강조하며, 학교 교육과 정신 교육, 근로 교육과 예의 교육을 제도화하는 문제, 초등 교육 의무화, 중등학교와 전문 대학 설치, 교사 양성, 사립학교 설치 등의 방안을 설하고 있습니다. 나아가 국민정신 교육과 예의 교육, 학교 교육에서의 근로정신 함양을 제시하고 있습니다. 이제는 많은 부분이 현실화되었음을 알 수 있습니다.

제5장 국방에서는 ① 국방의 정신 ② 국방군과 국방의 시설 ③ 국방군의 본분을 제시하고 있습니다. 상비군 설치, 삼군 사관 학교 설립, 의무 병역제 실시를 주장합니다. 이미 지나온 역사에서 얻은 교훈이지만 이때 군인이 무력으로 권력을 장악하려는 욕심을 갖지

않도록 경계하고 있습니다.

제6장 건설·경제에서는 ① 전기 공업 증강 ② 지하자원 개발 ③ 운수 교통 개수(交通改修) ④ 농지와 산림 개량 ⑤ 위생 보건 설비 ⑥ 국영과 민영 ⑦ 노동력 증장 ⑧ 독선 생활 방지 ⑨ 각 구역 공익 재단 건설 ⑩ 저급 생활의 향상 ⑪ 일산(日産) 처리 ⑫ 취사선택 ⑬ 긴급 대책을 제시합니다. 매우 현대적인 국가 건설 을 위한 안이라고 할 수 있습니다. 은행, 보험회사는 이미 실현 하고 있고, 공익 재단을 통한 이웃을 구제하는 일도 현실화되어 있습니다. 재미있는 것은 사치스러운 생활을 하는 사람에게는 세 금이나 벌금 등의 방법을 제안합니다. 이기적인 생활을 경계하고 있는 거죠. 자본주의의 폐해를 지적하고 있다고도 할 수 있습니다.

제7장 진화의 도는 ① 정치에 관한 공로자 우대 ② 도덕에 관한 공로자 우대 ③ 사업에 관한 공로자 우대 ④ 발명자 우대 ⑤ 특별 기술자 우대 ⑥ 영재의 외학(外學) 장려 ⑦ 연구원 설치 ⑧ 세습 법 철폐 ⑨ 상속법 제한으로 공로자, 기술자 등의 우대와 과거의 폐습을 혁신하자는 안입니다.

제8장은 결론으로 ① 정책의 요지 ② 동포에게 부탁하는 말, 그리고 덧붙임은 건국 3기 및 요언(要言) 21조입니다. 건국의 요 점은 중도주의며, 평등과 자유의 남용을 경계합니다. 덧붙임에서 는 정치, 경제 방면에서의 건국 3기를 밝히고, 훈련기, 정리기,

완성기로 구분하여 건국의 순서와 단계에 따른 건국 사업의 전개, 그리고 21개조의 제언으로 마무리하고 있습니다.

이재봉: 좋습니다. 정산종사의 주장과 제안 가운데 제가 특별히 관심 가져온 중도주의를 냉전 시대 미국과 소련 사이의 중립, 요즘 미국과 중국 사이의 중립으로 받아들여도 되는지 궁금합니다.

원익선: 『건국론』을 쓸 당시에는 정치에 대한 좌우의 대립이 극에 달한 때였습니다. 정산은 이를 중도주의로 통합하고자 했습니다. 여러 곳에서 중도에 대한 말이 나오는데, 모든 계층, 모든 지역이 함께 골고루 잘 사는 것이 중도주의라고도 합니다. 어느 한쪽을 배제하는 것이 아니라 모두를 포용하는 것이 일차적인 중도의 의미라고 할 수 있습니다. 민주주의가 중도주의인 것입니다. 따라서 살얼음을 걷던 냉전 시대에도 멸공(滅共) 대신 화공(和共)을 주장한 교단의 지도자들은 정산의 정신을 계승한 것이라고 볼 수 있습니다.

정산은 좌파나 우파의 이념을 초월하여 새로운 나를 위해서는 무아봉공(無我奉公)할 것을 주장했습니다. 도덕적 마음에 기반한 건국을 역설했습니다. 원불교에서의 정의(正義)는 사회적 정의에 앞서서 일심(一心)에서 나오는 판단을 우선적으로 말합니다. 즉,

마음을 비우는 무아(無我)의 상태에서 세상을 바르게 보고 그것에 합당한 실천을 하는 것을 의미합니다. 그것의 최고는 깨달음이라고 할 수 있습니다. 무아봉공은 이러한 삶을 의미합니다. 화공이 가능한 것도 이러한 마음 상태에서 나오기 때문입니다. 소태산이 말하듯이 정치와 종교가 한마음이 되어 세상을 밝히자고 하는 정교동심(政敎同心)도 이러한 중도의 이념에서 나온 것입니다.

현실적으로 볼 때, 정산의 중도주의는 자유주의와 평등주의를 조화롭게 세우자는 것이며, 자본주의와 사회주의의 장점을 취해 경제적 민주주의를 이루자는 것이라고 할 수 있습니다. 문화 또한 전 세계의 선진 문물을 배워 자신만의 문화를 창출하자는 것입니다. 정치, 경제, 문화의 중도라는 것은 이처럼 모든 것을 통합하여 조화롭게 하고, 정의롭고 평화로운 나라는 만들어가자고 하는 실용적인 노선과도 관련이 있습니다. 양극단의 중심이 아니라 이를 초월하여 모든 분야에서 우리의 삶을 보다 풍요롭게 만들고, 적재적소의 선택과 취사를 위한 통합의 원리라고 할 수 있습니다.

정산이 『한 울안 한 이치에』에서 "지금의 모든 사상을 종합하여 전 세계에 두루 적용할 생활 원리·정치 원리를 채택하여 실현하는 것"이라는 말은 이를 잘 보여주고 있습니다. 또한 『건국론』에서 "중도주의는 과(過)와 불급(不及)이 없는 것이니 즉 상대편에 서로 권리 편중이 없는 동시에 또한 각자의 권리를 정당하게 잘 운용하자는 것"이라고 합니다. 이를 보면 중도주의가 어떤 목표, 즉 궁극적인 가치를 실현하는 방편임을 잘 알 수 있습니다. 불교나 유교에서의 중도주의도 우리 인간의 삶을 지혜로써 행복을 구현하는 것에 있습니다. 한반도 문제나 미중 문제도 이러한 차원에서 바라봐야 합니다.

강종일 한반도중립화연구소장은 「중립화 통일이념과 건국론」 (『원불교학』 8집, 2002)에서 스위스의 중립론과 비교하며 다음과 같이 주장했습니다. 첫째, 정산의 중도주의와 스위스 중립의 동기는 민족 내부의 대립과 분열을 방지하기 위한 대응책으로 제안된 것이다. 둘째, 외세의 간섭과 개입을 막고자 하는 사상이다. 셋째, 정산의 중도주의나 스위스의 중립 정책은 자국민들의 자유와 독립 정신을 강조하고 있다. 넷째, 국가의 자립정신의 함양을 강조하고 있다. 과거에도 그랬지만 현재 미국과 중국 사이에서 힘들어하는 한반도의 운명을 정산의 이러한 중도주의로 개척해 가면 진정한 자주 국가가 될 수 있지 않을까 생각합니다.

이재봉: 고맙습니다. 저는 중도와 중립의 공통점과 차이점에 관해 고민해 왔는데 강종일 선생의 글을 통해 알려주시는군요. 강종일 선생은 하와이대학에서 저와 같이 정치학 박사 과정을 마친 뒤 평생 한반도 중립화에 관해 연구하고 운동해 오신 분이지요.

이젠 원불교 안의 남녀평등 또는 여성 차별에 관해 얘기해보고 싶습니다. 기독교 성경이나 불교 불경 같은 원불교 교전엔 여성을 차별하지 말라고 구체적으로 명시해놓고 있어요. '남녀의 차별'을 '과거 불합리한 차별 제도의 조목' 가운데 하나로 짚으면서요. 원불교 최고의사결정기구인 수위단도 남녀 9명씩 이루어지고 있습니다. 그러나 '정녀' 제도와 전통 때문에 여자 교무의 결혼이 금지돼 왔어요. 2019년에야 이 제도가 폐지된 걸로 들었습니다. 원불교 내 남녀평등 문제에 관해 얘기해 주시겠어요?

원익선: 원불교만큼 종교계에서 남녀평등이 잘 이루어지는 집단도 없을 것이라고 봅니다. 최고의결기구인 수위단회(首位團會)는 남녀가 동수입니다. 전 세계 어느 국회, 종의회, 아니면 어떤 이사회에서 남녀 동수인 곳은 없을 것입니다. 능력주의를 주장하는 지금의 시대에서는 맞지 않을 수도 있습니다. 소태산 당시에는 여권 신장이 세계적으로도 불같이 일어나던 시기입니다. 여성의 참정권이 여전히 주어지지 않던 나라도 있었습니다. 원불교의 교리 가운데 세상을 평등하게 만드는 사요(四要)가 있습니다. 그것은 자력 양성, 지자 본위(智者本位), 타 자녀 교육, 공도자(公道者) 숭배입니다. 원불교의 사회 교의라고 할 수 있습니다. 이 가운데 자력 양성은 원래 부부 권리 동일에서 남녀 권리 동일로 바뀌었

다가 지금의 교의로 정착되었습니다.

초기 교서인 『육대요령(六大要領)』(1932)에서 남녀 권리 동일에 대해 '여자로서 남녀 권리 동일 준비의 조목'에는 "① 인류 사회에 활동할만한 교육을 남자와 같이 받을 것이요, ② 직업에 근실하여 생활의 자유를 얻을 것이요, ③ 생부모의 생전 사후를 과거 장자의 예로써 같이할 것이요, ④ 남자의 독특한 사랑과 의뢰를 구하지 말 것이요, ⑤ 우기(右記) 준비 조목 4조가 충분치 못하여 남자에 미흡할 시는 그 지도를 받을 것이니라"라고 제시되어 있습니다. 지금 생각하면 너무나 당연한 것들이지만, 당시 억압받던 여성들 입장에서는 획기적인 내용입니다.

사실 어떤 나라나 지역에서는 여전히 여성이 차별받고 있으며, 실질적으로 한국 사회에서 여성은 남성에게 차별받고 있습니다. 입사는 같이했는데 세월이 지나 조직의 장에 이르러서는 여성들이 배제되어 있음을 확연히 알 수 있습니다. 아직도 여성에 대한 차별 관습이 남아 있다고 할 수 있습니다. 이러한 관습을 소태산이 통찰하며 아예 제도화해 낸 것입니다. 여성들이 인류의 역사에 혁혁한 공을 끼친 사실이 있음에도 인류는 의도적으로 폄하하기도 합니다. 이를 잘 알고 있었다고 봅니다.

원광대학교 박맹수 총장은 동학 운동 전문가로 원불교의 여성사 측면 연구에도 활발한 활동을 하고 있습니다. 그는 "지난 2016년 원불교 백주년 기념사업 최대 성과가 여성 10대 제자 발굴이었습니다. 그리고 전혀 알려지지 않았던 독립운동 여성 운동 자료도 몽땅 찾아냈습니다"고 합니다. 원불교 초기, 교단적으로나 사회적으로 여성들이 매우 큰 활동을 했음을 사료를 통해 증명하고 있는 거죠. 참으로 소중한 연구라고 하지 않을 수 없습니다.

그리고 소태산의 어록과 행장을 기록한 『대종경』 제1서품 18장에서는 "출가 공부인의 의식 생활도 각자의 처지를 따라 직업을 갖게 할 것이며, 또는 결혼도 각자의 원에 맡길 것"이라고 설하고 있습니다. 여성 교역자도 결혼, 출산, 육아를 할 수 있도록 했습니다. 성적 자기 결정권을 확보해 놓은 것입니다. 앞의 선각자들과 같이 여성들이 서서히 차별과 억압으로부터 벗어나는 데에 소태산도 일조했다고 할 수 있습니다. 그런데 소태산 사후에 이러한 호대(浩大)한 문호가 닫히고 말았습니다. 다시 암흑시대로 회귀해 버렸습니다. 대중이 각성하여 드디어 작년에 원점으로 돌려놓았습니다. 이를 보더라도 사회나 교단이나 참으로 여성에 대한 편견이 여전히 가득 차 있음을 알 수 있습니다. 지금이라도 원불교가 형식과 내용 면에서 원래의 길을 걷게 되었다는 데에 안도의 한숨을 쉽니다.

이재봉: 좋은 말씀 고맙습니다. 이제 북한·통일 문제에 관해 얘기

해보지요. 원불교단이 다른 종단에 비해 규모가 작은 편이지만 적극적이고 지속적으로 북한에 대해 지원해온 것으로 들었습니다. 자랑 좀 해 주시겠어요?

원익선: 사실 원불교의 교세는 그렇게 크지 않습니다. 워낙 보편적인 가르침이 많아서 사회에서는 많은 관심이 있기는 합니다. 따라서 미약한 교세의 입장에서 과거에 북한과의 관계를 트는 일은 쉽지가 않았습니다. 특히 반공을 내세운 군사 정권 하에서는 조금이라도 북한에 동조하면 잡혀가던 시절이기도 했습니다. 여러 종교 단체나 개인이 겪은 고초들을 봐도 알 수 있습니다. 박정희 정권이 내세운 1972년 정권 연장을 위한 10월 유신 체제를 암묵적으로 승인하지 않을 수 없었던 것도 이러한 예입니다. 한국 사회의 부조리와 모순, 질곡을 침묵으로 지켜보았다는 것은 통한(痛恨)의 역사라고 할 수 있습니다. 그럼에도 북한을 인도적으로 도와야 한다는 의식은 줄곧 가지고 있었습니다. 종교의 마땅한 역할인 셈입니다.

1990년 한국과 소련이, 1992년 한국과 중국이 수교하면서 원불교도 북한 교화를 위한 준비에 착수했습니다. 소련, 중국, 카자흐스탄 등에 선교소를 설치하면서 정부의 북방 정책에 따른 낙수 효과를 맛보기 시작했습니다. 북한 교화를 위한 교령 발령(1994),

남북한삶운동 발대식(1994), 북한교화위원회 규칙안 마련(1995), 원봉공회 등의 봉사 단체를 통해 북한에 생필품 보내기, 평양교구 사무국 설치(1999), 대북지원에 대한 원불교 독자적인 창구 개설 (2001), 탈북자를 위한 한겨레중고등학교 개교(2004) 등 여러 측면에서 통일을 준비하는 태세에 돌입했습니다.

사회적으로도 여러 단체에서 북한 지원이 봇물이 터지던 시기, 원불교도 여기에 동참했습니다. 여러 활동이 있지만 예를 들면, 원광대학교에서는 2001년 1월 아동용 내의 2만여 벌과 담요 3,000장을 북한에 전달하고, 2010년 3월에는 원불교 은혜심기운동본부와 함께 북녘 어린이 국수 급식을 위한 밀가루 지원 사업을 하게 됩니다. 인천항을 통해 북한에 90톤의 급식용 밀가루를 보냈습니다. 평양 국수 공장에서 국수로 생산돼 영양 결핍으로 제대로 성장하지 못하는 북녘 어린이들을 위한 것입니다. 이 사업은 지속되다가 남북관계의 경색으로 중단된 상태입니다.

2020년 3월에는 원불교의 정인성 교무가 통일부 산하 공공기관인 남북하나재단(북한이탈주민지원재단) 이사장에 취임하여 총괄하게 되었습니다. 이미 설립하여 북한에서 탈출한 청소년들을 교육하고 있는 한겨레중고등학교는 원불교의 여러 공적이 사회적으로 인정된 결과라고 할 수 있습니다. 2020년 5월에는 앞의 남북하나재단과 원광대학교가 북한이탈주민 의료인 양성을 통한 안정적인 자립 지원을 위한 업무 협약을 체결하기도 했습니다. 북한에 대한 직접적인 지원이 어려운 현시점에서 남쪽에 내려온 의료인들을 지원, 이들의 삶을 돕기로 한 것입니다. 원광대학교가 북한 의료인들이 한국에 잘 정착할 수 있도록 국가시험 준비 실습장 제공 등의 교육을 지원하고, 전공의 과정 연계 및 북한이탈주민 의료인 발굴을 하고 있습니다. 어떻게 보면 향후 남북 교류를 대비한 기반 다지기라고 할 수 있습니다.

이재봉: 원불교보다 원광대학교 자랑을 더 많이 하시는군요. 저도 원광대학교 소속이라 기분 좋습니다만. 그런데 개신교, 천주교, 불교 그리고 천도교 등 다른 종교는 북녘에 상대 교단 또는 단체가 있는데, 원불교는 없습니다. 원불교가 남북 교류를 위해 할 수 있는 일에 어떤 게 있을까요?

원익선: 일제로부터의 해방 이전, 개성에 원불교 교단이 있어 북한이 문호를 개방한다면 재개할 수도 있지 않을까 생각합니다. 그럼에도 북에는 원불교 교단도 없고, 신도도 확인되지 않고 있습니다. 그러나 북한 불교도연맹이 대화의 창구가 되고 있습니다. 원불교는 현대 불교이기 때문에 그들과도 소통이 가능한 것입니다. 저도 예전에 중국에서 조선불교도연맹 위원회분들과 만나 대화한

적이 있습니다. 한국의 종교 상황, 특히 불교 상황은 어느 정도 꿰고는 있었지만 원불교에 대한 상황은 출판물 등이 잘 전달되지 않아 최근 소식은 잘 모르는 것 같았습니다.

아무튼 원불교도 북한과의 소통에 종교적으로나 학문적으로 지속적인 교류를 해오고 있었지만, 지금은 다른 단체들처럼 단절되어 있는 상황입니다. 그럼에도 정치적인 상황에 좌우되지 않고 남북한 통일을 준비하고 있습니다. 1995년 7월에는 원불교 사회개벽 교무단이 해방 50주년 민족공동행사 남측준비위원회에서 전개하고 있는 해방 50주년 7천만 통일선언운동에 적극 동참하기로 하고 서명 운동에 들어가기도 했습니다. 이를 구체화한 남북한삶운동에서는 은혜의 쌀 모으기, 북한 상품 사기의 물질의 한삶운동, 통일을 위한 기도, 남북한 바로알기 독서토론회, 통일기원 법회 등의 마음의 한삶운동, 북한 상품 판매 자원봉사, 9인연원달기(원불교도 확장운동), 통일 행사 참여하기, 기금 확보 등의 몸의 한삶운동을 지속적으로 전개해 왔습니다. 1996년에는 이웃 종교와 함께 통일과 미래 사회를 위한 윤리 선언에 참가하기도 했습니다.

2000년대에 들어 제1, 2차 남북정상회담은 기존의 통일 논의를 급진전시켰습니다. 이에 원불교도 2000년 8월에 6·15 공동선언실천, 조국통일기원 북남(남북) 해외 불교도 합동 법회의 남북 동시 개최는 물론 공동 발원문을 발표하기도 했습니다. 여기에서

"부처님의 가르침인 화합 정신을 바탕으로 북과 남(남과 북) 서로 간의 이해와 상호 신뢰를 발전시켜 나갈 것이며 외부의 힘에 의존하지 않고 반드시 우리 민족의 힘으로 평화적인 통일을 이루기 위해 우리 불자들이 앞장서겠습니다."라고 했습니다. 불법에 기반하여 자주적 통일 국가를 이루겠다는 발원인 것입니다.

제1차 정상 회담 직후, 원불교 통일 전문가인 윤법달은 '통일을 어떻게 준비할 것인가'(「원불교신문」 2000. 6. 30)에서 통일기도운동, 통일교육운동, 북한교화위원회 확대 개편, 북한동포돕기 창구단일화, 북한교화 전문 교무 양성과 일반 교도 훈련 등의 인적 준비, 중국, 미국, 일본, 탈북 동포들을 통한 준비, 교단 내 유관단체들과의 교류 확대, 종교 협력 운동 강화 등의 안을 내놓기도 했습니다. 저도 이에 대해 대찬성입니다. 종교로서 원불교가 할 수 있는 모든 일이 다 망라되었기 때문입니다.

머지않아 남북은 지금의 고착 상태를 뛰어넘어 활발히 교류하는 시대가 올 것이라고 확신합니다. 남북이 협조하여 한반도에 평화를 정착시키지 않으면 공멸하는 사태가 벌어질 것은 뻔하기 때문입니다. 국내외의 상황이 만만찮지만 공생, 공존하는 남북한의 상황이 반드시 옵니다. 원불교가 가지고 있는 동족의 화합, 인류 화합의 메시지는 이러한 남북한의 일체감 형성에 큰 정신적 자산이 될 것으로 봅니다.

이재봉: 아까 원광대학교 평화연구소 소개하며 저와 관련해 사드 철폐 운동도 잠깐 얘기하셨어요. 요즘 교무님을 포함해 원불교 성직자와 교도들이 성주에 배치된 미국의 고고도 미사일 방어망 (THAAD)을 철폐하라며 평화 운동에 힘쓰시는 것 같습니다. 3-4년 전 특히 여성 교무들이 죽어도 남은 한이 없겠다는 '사무여한'을 외치며 시위하는 게 인상적이었어요. 왜 그렇게 죽음까지 불사하며 투쟁하는 겁니까?

원익선: 2016년 경상북도 성주군 소성리에 사드가 배치될 것이라는 이야기에 그동안 별로 가보지 않았던 그곳에 성지 순례 겸해서 차를 몰고 갔습니다. 이후 2017년 4월과 9월 앞의 정권과 지금의 정권이 불법적으로 사드를 배치할 때 현장에서 싸우게 되었습니다. 이를 계기로 사드 철폐 운동에 나서게 되었습니다. 그때 제가 원불교 서울교구 신문인 「한울안 신문」에 기고한 글 중의 일부입니다.

"사드 배치는 전쟁을 위한 것입니다. 생명을 죽이자고 하는 무기를 평화를 주장하는 성자가 나신 곳에 배치하는 것은, 평화를 위해 존재하는 종교 그 자체의 생명을 해치는 것입니다. 원불교 계명의 첫 조항은 '연고 없이 살생을 말며'입니다. 이 계문을 우리의 현실에서 구현해야 할 때가 온 것입니다. 어떠한 경우에도 전쟁과 평화는 공존할 수 없습니다. 역사상 국가에 맞서 비굴한 자세를 취하지 않는 한 살아남은 종교는 이 지구상에 없습니다. 그러나 그러한 국가가 영원히 존재한 역사는 없습니다. 오히려 피를 흘리며 지킨 종교가 그 패망한 국가를 넘어 영원을 향해 전진하고 있습니다. (중략)

원불교는 이제 종교로서의 시련을 겪어야 할 시점에 와있습니다. 우리가 내건 평화가 말로만 지켜지지 않는다는 사실을 직시해야 합니다. 실제로 우리는 아랍에서, 아프리카에서, 아시아의 곳곳에서 남들이 죽어갈 때, 그들을 구하기 위해 진정으로 노력해 왔는지 반성해야 합니다. 방송과 신문에서 오늘도 먼 곳에서 사람들이 전쟁으로 죽어간다고 할 때, 우리가 한 일이 무엇이었는지 반성해야 합니다. 우리가 성주의 그 자리에 함께하지 못해도 자신의 자리를 지키며, 이러한 참회를 자신의 마음 언저리에 놓아야 합니다. 그 참회가 진정으로 이루어질 때, 원불교 존재의 대전제인 사무여한(死無餘恨, 진리와 정의를 의해서는 죽어도 여한이 없다는 말)의 정신이 하늘에 다시 통할 것입니다. 천권(天權)을 부여받은 후예들이 무엇이 두렵습니까. 이 굴욕의 역사는 반드시 바뀔 것이며, 훗날 역사가들이 평가할 것입니다.

이제는 우리들이 순교해야 할 때가 온 것입니다. 물론 1963년 틱광둑(Thich Quang Duc) 스님이 호찌민에서 불교 탄압과 전쟁

반대를 외치며, 기름을 붓고 소신(燒身)했던 행위를 할 수도 있습니다. 저는 그의 후손이 제게 한 말을 잊지 못합니다. '상대방이 밉다고 해서 죽일 수가 있는가. 내가 죽어서 그 사람의 잘못을 깨우쳐 준다면 이야말로 부처와 보살의 정신이다.'고 한 것입니다. 이러한 제2의 틱꽝둑 스님이 나올 수도 있습니다. 그러나 원불교의 순교는, 위대했던 어느 선진이 말씀하신 것처럼, 죽지 않으면서 죽을 각오를 하고 세상의 평화를 위해 일하는 것입니다. 이제 원불교의 순교 정신을 회복할 때가 된 것입니다. 온 국민과 세계가 지켜보는 가운데 제2의 법인(法認, 법계로부터 인정을 받았다는 뜻으로 1919년 소태산과 9인 제자들이 민중을 구제하겠다고 기도하여 하늘의 감응을 받았다는 초기 역사)이 일어나기를 기대하고 있습니다. 물러설 수 없는 기회, 원불교가 세계를 향한 길목에서 있습니다."

매우 비장한 각오로 쓴 글입니다. 사드 배치 과정에서 저는 평화를 원하는 주민 및 시민들과 함께 만여 명의 경찰과 죽음을 무릅쓰고 싸운 후에 미국 대사관 앞에서 단식으로 저항하고자 했지만 타이밍을 놓쳐 실천하지 못했습니다. 그래서 언론과 학문적 글쓰기를 통해, 그리고 주말이면 코로나19가 발생하기 전에 익산에서 3시간에 걸쳐 차를 몰고 가서 그곳 주민들과 함께 했습니다. 사무여한의 앞의 글에 나오는 것처럼 정의를 위해서라면 죽음을 걸고 싸우는 것입니다. 그 가르침대로 사드 철폐 운동을 하고 있습니다. 사필귀정으로 돌아올 때까지 싸울 작정입니다.

이재봉: 평화를 위해 사드 철폐 운동을 벌이는 건 존경스럽습니다. 그러나 사드가 아까 얘기한 원불교 제2대 종법사 정산이 태어난 성지가 아니라 다른 곳에 배치되었더라도 그렇게 활발하게 반대 운동하시겠어요? 무슨 혐오 시설이나 위험 시설이 내 집 주변에 들어오는 것을 반대하는 이른바 '님비(NIMBY)'와 비슷한 것 아닌가요?

원익선: 님비는 맞습니다. 이웃이 고통받을 때는 침묵을 지키다가 자신의 집 안에서 일어나니까 발버둥 친다는 표현이 맞을 겁니다. 그럼에도 한편 생각해 보면, 자신의 집안에 불법이 발생했는데 이를 방치한다는 것도 이상합니다. 저는 다음과 같이 비유를 합니다. 우리 아파트에 도둑이 들어와 우리 딸이나 아들의 방에 들어가 마음대로 뜯어고치며 문을 잠그고 앉아 있다고 합시다. 그리고 그 도둑이 "대법원에까지 가서 내가 불법인지 아닌지 판결이 날 때까지 나가지 않겠다"라고 한다면 세상 사람들이 뭐라고 할까요. 지금의 현행법은 바로 신고하면 경찰이 들어와 잡아가게 되어 있습니다.

그럼에도 불구하고 어떤 법률적 근거도 없이 국가의 권력으로 소성리에 사드를 배치하고, 이를 반대하는 주민들을 탄압한다면 과연 이것이 정당화될 수 있을까요. 국가는 법률에 따라 움직이는 집단 아닌가요. 물론 이 나라의 안보를 위협하는 북한이 있기 때문에 이를 빌미로 미국의 군사 무기 사드를 배치하기는 했습니다. 그러나 모든 전문가들이 말하듯이 사드는 미국이 제2차 세계대전 후에 러시아와 중국을 견제하기 위해 추진한 미사일 방어망(MD) 체계의 일부로 배치되었습니다. 미국도 자신들의 입으로 사드는 한반도의 북한 방어용으로는 효용이 없다고 했습니다.

그런데 박근혜 정권이 위기에 처하니까, 이를 틈 타 미국의 힘을 이용하려던 정치가들이 미국을 끌어들이기 위해 전격적으로 배치한 것입니다. 미국 또한 '이때가 기회다.'하고 반대를 외치며 절규하는 주민들을 짓밟고 미군들이 웃으며 차를 몰고 들어와 사드를 배치했습니다. 이게 동맹입니까. 중국은 이 사실을 알고 롯데를 비롯한 한국의 기업들에 막대한 타격을 입혔습니다. 롯데는 중국에서 엄청난 손실을 입고 철수했습니다. 지금도 100여 명의 소성리 주민과 원불교 교무들을 비롯한 출가 재가의 교도들, 성주와 김천을 비롯한 전국의 국민들이 이에 저항하며 사드 철수를 외치고 있습니다.

200만 명의 촛불이 모여 정권을 퇴진시킬 때, 광화문 광장의 사회적 연대체들은 이 사드 철폐를 마지막 적폐로 내걸었습니다. 그런데 6년이 지났는데도 현 정권은 이를 철수시키지 않고 있습니다. 오히려 2017년 정권을 잡자마자 남은 사드 발사대를 배치해 버렸습니다. 현 문재인 대통령도 대통령이 되기 전에 이 사드를 반대했습니다. 현 정권도 이에 대한 철저한 검증이 필요하며, 한반도의 평화에는 도움이 되지 않는다는 결론을 내렸습니다. 그럼에도 불구하고 사드를 철수하지 않은 것은 미국의 힘이 그만큼 크다는 것을 의미합니다.

지금도 한반도에는 미군이 주둔하고 있습니다. 6.25 전쟁이 끝난 지가 어언 70년인데도 말입니다. 1945년 남한에는 미군이, 북한에는 소련군이 점령군으로 들어온 것은 역사적 사실(事實)입니다. 미군 스스로 점령군으로 들어왔다고 선언했습니다. 엄연한 역사입니다. 지금도 미군은 한국을 돕는 척하면서 이제 대국으로 성장하는 중국을 견제하는 데에 한반도를 이용하고 있습니다. 이를 막아야 합니다. 불평등한 한미 상호 방위 조약을 폐지하거나 개정해야 합니다. 사실 6.25 전쟁도 서구가 만든 이념의 대리전 아닙니까. 얼마나 비극입니까. 이제 진정한 군사 주권을 회복해야 합니다. 저는 이 사드 철폐 운동을 한국의 '군사 주권 회복 운동'이라고 명명하고 있습니다. 전시 작전권도 없는 한 나라의 군대가 자주적인 군대라고 할 수 있을까요. 저는 제2의 독립운동을 하고 있다고 자부합니다. 죽을 때까지 이 싸움을 멈추지 않을 것입니다. 성자가 나신 소성리를 반드시 평화의 성지로 만들고야 말겠습니다.

이재봉: '군사 주권 회복 운동' 좋습니다. 사실 사드는 미국이 북한의 핵미사일을 핑계로 중국을 견제하기 위해 성주에 배치해 놓은 거죠. 냉전 시대 주한 미군의 목표가 소련의 팽창과 북한의 남침을 막기 위한 것이었다면, 탈냉전 시대 주한 미군의 목표는 급속하게 떠오르는 중국을 견제하고 봉쇄하는 것이니까요. 이제 원불교가 사드 철폐 말고 한반도 평화와 통일에 어떻게 기여할 수 있을까요?

원익선: 원불교가 존재하는 이유는 기성의 종교가 하지 못한 일을 하기 위해서라고 생각합니다. 소태산이 살던 시기는 세계가 대규모 전쟁을 통해 인류를 극한의 고통으로 몰아넣던 시대입니다. 청일 전쟁과 러일 전쟁은 한반도에서 일어난 전쟁입니다. 제1·2차 세계 대전은 과학이 가세하여 대량 살상을 일으켰습니다. 중세에는 사람 한 명을 죽이려면 화살 하나로 일일이 맞춰야 했지만, 이제 과학의 발달로 사람을 죽이는 것이 쉬워졌습니다. 작은 폭탄 하나로 수백 수천만 명이 사는 도시를 한순간에 날려버릴 수 있습

니다. 히로시마나 나가사키의 원폭을 보면 알 수 있습니다. 그리고 전투기를 통해 사람을 죽이는 것이 생중계되기도 합니다.

한반도에서 다시 전쟁이 난다면 이제 세계 대전으로 번져갈 것입니다. 저는 원불교가 이 고통 많은 한반도에 태어난 이유가 바로 이 전쟁을 막기 위해서라고 생각합니다. 자본주의에 저항하며, 이 문명이 바른길로 가도록 인류의 희망을 모아 만든 원불교가 당연히 이러한 인간의 극한적인 고통을 막지 못한다면, 종교로서 존재하는 이유는 없는 것입니다. 인적, 물적 모든 자원을 동원하고, 대중의 힘을 모아서 반드시 한반도는 물론 전 세계의 전쟁을 막아야 합니다. 인류 스스로 집단 자살할 수 있는 기술을 하루빨리 회수하여 참된 평화의 길로 돌아설 수 있도록 최선을 다해야 합니다. 원불교야말로 인류의 평화에 대한 열망을 실현해야 하는 사명을 안고 있습니다.

특히 북한에 대해서는 원불교가 주장하는 일원주의(一圓主義)에 기반하여 함께 사는 길인 공생으로 나아가도록 촉구해야 합니다. 북한과 미국은 서로 적대시하면서 으르렁대고 있습니다. 북한이 진정 한반도의 평화를 원한다면 남한과 미국에 대한 적대적 감정을 내려놓아야 합니다. 미국 또한 북한에 대한 일방적인 적대 감정을 내려놓고 화해를 요청해야 합니다. 베트남과 싸워서 지고도 수교하지 않았습니까. 북한은 남한과는 다시 경제 협력을 비롯한 모든 교류를 다시 시작해야 합니다. 여기에 원불교가 나서야 합니다. 교단의 지도부를 비롯한 구성원들은 국경을 넘나들며, 한반도의 평화를 위한 모든 프로세스가 가능하도록 교단 전체가 모든 시간과 능력과 힘을 쏟아 부어야 합니다.

한반도 평화와 통일에 다른 길은 없다고 봅니다. 정산이 주장하듯이 "한 울안 한 이치에 한 집안 한 권속이 한 일터 한 일꾼으로 일원세계 건설하자"는 가르침을 한반도에 적용하는 것입니다. 북한은 우리의 형제자매입니다. 정치적으로 해결하지 못하는 일도 종교의 궁극적 가치인 사랑과 자비와 은혜로운 마음으로 마음을 열게 하면 모든 화해는 가능합니다. 북한의 대중에게도 인도적인 도움을 끊임없이 주는 가운데 그들의 닫힌 마음을 열도록 설득하고, 또 설득하는 일을 해야 한다고 봅니다. 필요하다면 군사 분계선도 넘어서 그 어떤 정치가도 해내지 못했던 실질적인 평화 정착을 위한 대타협을 할 수도 있어야 합니다. 정치가 하지 못하면 종교가 나서는 것은 당연한 일입니다. 한반도 모든 백성의 안위에 관한 것인데 그 누구라도 나서야 합니다.

원불교가 한반도의 평화를 실제로 정착시킨다면 세계적인 종교가 될 수 있다고 확신합니다. 가장 지역적인 종교가 가장 세계적인 종교가 되기 위해서는 자신이 태어난 곳에서 진정한 종교적 보편 가치를 실현시켜야 합니다. 한반도야말로 이러한 최고의 지역입니다. 자신이 태어난 이유는 물론 세계인에게 존경과 사랑을 받기 위해서 원불교는 한반도의 평화 구축을 제1의제로 삼아 부단히 노력해야 할 것입니다.

이재봉: 좋은 말씀 고맙습니다. 원불교 성직자이자 원광대학교 평화연구소장으로서 한반도 평화와 통일을 위해 계속 힘써 주시기 바랍니다.

제 **6** 장

천도교와 평화

: 평화와 통일을 위한 천도교의 역할

이재봉: 과거 해방 무렵까지 천도교가 가장 큰 종교 세력 가운데 하나였는데 6.25 전쟁 이후 교세가 많이 약화한 것으로 알고 있습니다. 제 학생들을 포함해 요즘 젊은이들이 천도교에 대해 잘 모를 것 같은데, 천도교 홍보 좀 하시겠습니까?

노태구: 천도교는 1860년에 수운(水雲) 최제우(崔濟愚)가 창도한 종교입니다. 수운은 당시 우리 사회가 전통적 가치관의 몰락과 무규범 사회로 전락하였음을 개탄하면서 21세 때 출가하여 10년 동안 8도를 주유하며 구도 행각에 나섭니다. 1857년 양산 천성산(千聖山)에 있는 자연 동굴을 찾아 적멸굴이라 이름하고 49일 기도를 했어요. 여기서도 뜻을 이루지 못한 수운은 1859년에 고향인 경주 가정리로 돌아와 마을 앞 구미산 자락에 있는 용담정에 기거하면서 '불출산외(不出山外)' 네 글자를 써 붙이고 혼신의 성력을 다해서 구도 수련 끝에 경신년(1860년) 4월 5일 득도하여 동학을 창도했습니다.

수운이 득도 후 1년여 동안 수련 과정을 거친 후 다음 해부터 포교를 시작하여 동학이 크게 확산되자 정부가 이단으로 몰아 탄압했습니다. 수운은 1863년 8월 14일에 해월 최시형에게 도통(道統)을 전수하고 1894년 3월 10일 대구에서 순도했고요. 그 후 관청의 압제에도 불구하고 3남 지방으로 교세가 확산되면서 보국안민(輔國安民)의 기치 아래 보은에서 척왜양운동(斥倭洋運動)을 하고 1894년에 동학 혁명을 일으켜 반봉건 반침략 운동을 전개하면서 수십만 명이 희생되었습니다.

이렇게 천도교는 동학을 바탕으로 발전시킨 종교입니다. 동학 혁명이 외세에 진압된 뒤 제2대 교주인 해월마저 처형되자 도통은 의암 손병희에 전수되었습니다. 의암은 동학을 창시한 1860년부터 1905년까지 45년간을 은도(隱道)시대라 하고, 진보회를 중심으로 하는 갑진개화운동을 거치면서 1905년 12월 1일에 동학을 공식적으로 천도교로 개칭하였습니다. 이날이 바로 대고천하(大告天下)한 현도일(顯道日)이죠. 본격적인 근대적인 종교 체제를 갖추게 된 것입니다.

이재봉: 지금 말씀하신 것처럼 천도교는 동학 농민 전쟁 또는 동학 혁명에서 출발했습니다. 요즘 둘의 관계는 어떠한가요?

노태구: 수운은 21세에 주류팔로(周流八路)하면서 1860년 4월 5일에 한울님으로부터 인류 구제의 무극 대도(無極大道)를 받게 되었습니다. 무극 대도는 천도(天道)이며 그 학(學)은 동(東)에서 낳으니 동학이라 하였지요. 1862년 『논학문(論學文)』에서 동학이라고 지칭하게 됩니다.

동학 혁명의 역사적 배경은 일찍이 조선 왕조가 탐관오리의 횡포 등 3정의 문란으로 봉건적 질서가 붕괴되기 시작한 18세기부터 비롯되었습니다. 실학의 발생과 평민 의식의 대두를 보면서 '홍경래의 난'과 '진주 민란' 등이 일어나게 됩니다. 한편 대외적으로는 제국주의적 무력 침략의 위기를 맞고 있었고요.

이러한 역사적 배경 하에서 동학 혁명은 고부군수 조병갑의 가렴주구(苛斂誅求)가 도화선이 되어 동학군이 기포하여 전주성을 점령하는 등 호남 일대에 우리나라 초유의 민정 기관인 집강소를 53개 읍에 설치하여 반상 계급의 타파, 노비 제도의 철폐, 토착 왜구의 척결 등 12개조 폐정 개혁을 시행하게 됩니다. 집강소의 폐정 개혁을 위한 민정은 오늘 우리가 추구하는 통일 민주주의로 나아가는 토착적인 행정 기관의 전형이 된다고 할 수 있겠지요.

일본 군대가 궁궐을 침범하고, 청일 전쟁이 일어나자 이제 반봉건 반독재의 제폭구민(除暴救民)의 동학 운동은 반외세 반제국의 척양척왜 구호를 들고 민족 자결운동으로 나아가게 됩니다. 그러나 관군과 일본군이 연합한 섬멸 작전으로 공주 우금치의 마지막 전투에서 치명적인 패배를 당하며 혁명은 좌절되고 말았습니다.

1919년에 5월 11일 정부가 황토현 전승일을 동학 농민혁명의 국가 기념일로 제정하였습니다. 이는 동학군이 표방했던 보국안민(輔國安民)·제폭구민(除暴救民)·광제창생(廣濟蒼生) 등의 구호에서 알 수 있듯이 주권재민의 인민을 위한 민주 민족 혁명이었기 때문입니다.

이재봉: 천도교에서는 성직자와 일반 신도를 구분하지 않는 것으로 알고 있습니다. 선생님은 '직접도훈(直接道訓)'이라는 직함을 갖고 계시는데 어떤 지위나 역할인지 궁금합니다.

노태구: 천도교에는 성직자 제도가 없습니다. 왜냐하면 천도교의 기본 이념인 시천주(侍天主)와 실천 윤리인 사인여천(事人如天)의 기본 정신은 인간 평등을 핵심으로 하고 있기 때문에 계급적인 성직자 제도를 두지 않는 겁니다.

천도교를 창시한 수운은 "나는 도시 믿지 말고 한울님을 믿었어라. 네 몸에 모셨으니 사근취원(捨近取遠)하단말가"라고 하였습니다. 그래서 교조를 신격화하여 그 탄신일을 최대의 경축일로 삼는 타 종교와는 달리 천도교는 교조의 득도일을 천일기념일(天日紀念日)로 삼아 최대 경축일로 정하고 있습니다. 그것은 시천주의 진리가 근원적 평

160

등을 대표하는 핵심 교리이기 때문에 교리나 교사에 대한 상당한 식견이 있는 교인이면 남녀노소를 가리지 않고 누구나 설교를 할 수 있습니다.

도정(道正)이나 직접도훈(直接道訓) 등 천도교 연원 조직의 원직(原職, 정신 조직의 책임을 맡은 교역자) 개념은 행정직인 주직(主職, 행정 조직의 책임을 맡은 교역자)과 구분됩니다. 원직 제도는 핍박받던 동학 시대에 정부의 박해를 피하기 위해 인맥을 통한 포교수단으로 접(接) 제도가 처음 생긴 후 포조직(包組織)으로 발전하면서, 1905년 천도교의 현도(顯道) 이후 생긴 교화 행정직인 주직과는 달리, 포접 조직의 전통을 살리기 위해 그 제도를 고수하고 있습니다. 따라서 원직을 맡은 자는 자체 연원에 소속된 교인들의 교화 및 포교를 담당하고 지도하는 직책으로 임기가 없습니다. 그리고 주문(呪文), 청수(淸水), 시일(侍日), 성미(誠米), 기도(祈禱)의 5관을 빠짐없이 5년 동안 계속 실행하면 연원의 책임을 맡을 수 있는 자격이 부여됩니다. 주문은 의식이나 수련할 때 외우며, 청수는 맑고 깨끗한 물을 모든 의식에서 봉전하고 진행하는 것을 말합니다. 시일은 일요일마다 교인들이 모이는 종교 집회를 말하며, 성미는 매일 조석 간에 밥을 지을 때 밥쌀을 식구 수대로 한 숟가락씩 떠서 모아교회에 헌납하는 것을 말하고요. 기도는 매일 저녁 9시 기도와 특별 기도가 있습니다.

이재봉: 지금까지 말씀하시는 것 들어보니 천도교 용어가 참 어렵습니다. 제가 어릴 때부터 한자를 조금 공부해 왔어도 이해하기 어려워요. 제 독자들을 포함해 요즘 젊은이들은 한자를 거의 공부하지 않았을 텐데 알아듣지 못할 것 같습니다. 조금 더 쉽게 말씀해 주시면 좋겠군요.

아무튼 선생님은 천도교와 관련된 '민족통일학회'나 '동학민족통일회' 대표를 맡아 오셨습니다. 특히 '민족 통일' 문제에 관심을 갖게 된 배경이나 이유가 뭡니까?

노태구: 남북문제는 민족 문제로 보고 더 이상 동족상잔은 안 된다고 여겨 몇몇 대학에서는 민족사상연구소를 신설하고, 교외로는 민족사상 연구에 참여한 전국 교수들을 중심으로 민족통일학회를 조직였습니다. 또 1992년에 동구 공산권이 해체됨으로써 평화 공존의 시대가 도래하여, 남북 관계도 천도교가 민족 통일을 견인한다는 의미에서 천도교의 전위 단체인 동학민족통일학회가 창설되면서 공동 대표를 맞게 되었지요.

민족 통일의 평화적 접근을 두고 통일 이념으로 중용 중도의 인내천 이념을 연구하게 되었습니다. 좌우의 민주주의 이념을 통합하는 것이었어요. 남한의 개인 민주주의와 북한의 집단 민주주의를 복합 융합적으로 통섭(通涉)하는 것입니다. 중화를 두고 새도 좌우 양 날

개로 날고 과유불급이라는 말도 있잖아요.

이제 평화 공존의 시대를 맞이하여 남북이 양일 때는 음을 생각하고 음일 때는 양을 생각하여 음양의 조화로 병을 예방할 수 있듯이 중용의 이치가 인생 최고의 경계라는 것을 상기하면서 민족의 평화 통일 이념을 모색하게 됩니다. 음양의 중화는 만고의 규율이자 대법칙임을 역경은 말하고 있거든요.

백범 김구는 문화 민족주의, 우사 김규식은 민족 자주 연맹의 정신으로 남북 협상에 임했고, 몽양 여운형의 민주주의 민족 전선, 소앙 조용은의 삼균주의(三均主義) 역시 좌우 합작 노선이었습니다. 오늘 평화 공존의 시대를 맞아 이들 민족 자결주의 정치 이념은 재조명되어야 합니다.

이재봉: 제3대 교주 손병희를 비롯한 천도교도들이 1919년 3·1 운동 주도자로 많이 참여했듯, 해방 전엔 천도교가 세력도 컸고 독립운동도 활발하게 전개했습니다. 해방 후엔 다른 종교에 비해 상대적으로 세력이 약화하고 이에 따라 활동도 줄어든 것 같습니다. 왜 그런가요?

노태구: 3·1 운동은 민족 독립운동의 차원을 넘어 주권재민의 실현과 민주 공화국 건설을 지향하는 혁명적 성격을 지녔습니다. 헌법 전문

163

에도 3·1 운동으로 건립된 대한민국 임시 정부의 법통을 밝히고 있어요. 백범이 귀국하여 먼저 우이동 봉황각 경내에 있는 의암의 묘소를 찾았고, 천도교 중앙대교당 귀국 보고대회에서 3·1 운동이 없었다면 임시 정부는 없었다고 했습니다. 따라서 상해 임시 정부가 없었다면 우리나라의 독립은 없었을 것이라고 웅변적으로 토로하였지요.

이러한 천도교가 해방 후 침체된 원인은 몇 가지가 있지만 그중에 가장 큰 원인은 남북 분단의 냉전 논리에 있습니다. 북한 지역은 과거 동학 혁명으로 엄청난 피해를 당한 남한 지역에 비해 피해가 덜해 일제 강점기부터 천도교의 교세가 월등히 높았습니다. 그래서 해방 후 북한에는 그 여세에 더해 천도교와 그 전위 단체인 천도교 청우당당원이 약 3백만 명에 이를 만큼 급신장하였습니다. 북한 전 지역에 천도교 교구와 청우당 지부가 설치되어 한때는 노동당보다 청우당 세력이 더 컸어요. 노동당원들은 무산자 대중으로 글자를 몰라 상대적으로 학력이 높은 천도교인들이 도움을 주었다는 말도 있습니다. 그러나 북한에 노동당이 집권하면서, 더구나 종교를 인정하지 않는 공산 정권에 의해서 북한의 천도교와 청우당은 거의 자취를 감추게 되었습니다.

또한 남쪽의 천도교 역시 미·소 냉전 논리로 인한 민족주의자들이 그 역할을 제대로 할 수 없었듯이 민족 종교는 서구에서 들어온 외래 종교의 영향으로 큰 타격을 받아 침체할 수밖에 없었습니다. 해방 전

164

에는 고려대학교의 전신인 보성 전문학교와, 동덕여대의 전신인 동덕여학교를 천도교가 운영하였지만, 해방 후에는 전문 교역자를 양성하는 전문 교육 기관을 갖지 못하는 등 활동이 부진하게 되었습니다.

이재봉: 고려대학교와 동덕여자대학교를 천도교가 운영했다는 사실은 전혀 모르고 있었습니다. '민족 고대'라는 말이 나온 배경의 하나인 것 같군요. 조금 전 북한의 천도교와 청우당에 대해 지금은 거의 자취를 감추게 되었다고 말씀하셨는데 제가 공부해 온 것과는 다르군요. 저는 북한에서 종교 활동이 제한적이긴 하지만 천도교가 정당도 유지할 정도로 '북녘 제1종교' 또는 '대우받는 민족 종교'라고 주장해 왔거든요. 이에 대해 말씀해 주시겠어요?

노태구: 김일성 회고록 『세기와 더불어』 5권에는 천도교인 박인진 도정에 관한 설명이 있습니다. 박도정은 공산주의자를 중심으로 압록강 일대에서 전개된 조국 광복회에 참여했어요. 그는 동학 혁명에 참여했던 아버지로부터 일제에 대한 저항 의식을 물려받음으로써 민족의식이 더욱 강화되었습니다. 청년들에게 우리글과 우리말을 가르치며 민족 의식을 고취시켰지요. 3년간 감옥살이를 하였습니다. 이리하여 김일성 주석은 청년 시절 박인진 도정이 이끄는 천도교단의 조직이 혁명의 동반자가 되어 반일 민족통일전선을 형성하는 통이 큰 작

전을 벌이게 되었다 하였습니다.

　김일성은 한편 평소 천도교에서 발간하는 잡지인 「개벽」을 통해 천도교를 잘 알고 있었으며, 독립군　학교인 화성의숙의 숙장이던 최동오 선생으로부터 천도교의 역사와 교리를　배웠습니다. 최　숙장은 동학을 알려면 보국안민의 구호부터 보라고 하였지요. 그는 천도교를 선전할 때마다 매번 이런 표제를 현수막처럼 내걸었습니다. 언젠가는 "밖으로부터 외래 침략에 나라를 지키는 것이 보국이고, 안으로는 악정에 대처해서 백성을 편안하게 하는 것이 안민이오." "성주! 자넨 이를 어떻게 생각하느냐"며 느닷없이 질문을 했습니다. 그러자 김일성은 "좋은 구호라고 생각합니다. 보국안민을 제창한 것이 천도교라면 그 교를 지하겠습니다"라고 답변했다고 합니다.

　지금 남에서는 95%가 천도교를 모른다면 북에서는 95%가 천도교를 잘 알고 있습니다. 그래서 북한의 종교 분포를 보면 항상 천도교가 제1종교로 나타나고 있지요. 그러나 작금의 상황은 그렇지　않습니다. 예전　남북 이산가족 상봉 행사 당시 북한에서 오랜 신앙생활을 하다가 월남한 원로　교인이 고향 친척들을 만났는데 천도교에 대해 아는 것이 거의 없다고 했습니다. 오늘 북한의 천도교 상황을 가늠할 수 있습니다.

이재봉: 알겠습니다. 그럼에도 불구하고 남쪽에서 천도교 최고 지도

자 교령을 지내신 두 분이 월북했습니다. 외무부 장관까지 지낸 최덕신 교령이 1980년대에, 오익제 교령은 1990년대에, 2년 전 2019년에는 최덕신·류미영 부부의 아들 최인국도 북녘으로 올라갔잖아요. 그 집안에서는 최동오-최덕신-최인국으로 이어진 3대째 월북입니다. 남한 천도교 지도자들의 월북 배경과 이유가 뭘까요? 정부와 천도교단 사이에 갈등이 있었나요? 이에 대한 천도교도들의 입장이 궁금합니다.

노태구: 한마디로 그들의 월북은 개인적으로 이루어졌습니다. 최덕신은 일제 치하에서 천도교인으로 독립운동을 했던 최동오의 자제로 천도교단에서 영입 추대하여 교령이 되었습니다. 그는 1972년 수운회관을 신축하여 침체된 교단을 중흥시키는 데 상당한 업적을 남겼어요. 최덕신은 그 후 미국에 체류하면서 6·25 때 납북당한 아버지 최동오가 북한에서 김일성의 배려로 애국지사로 대우받다가 애국렬사릉에 안장된 사실을 알게 되자 월북하였습니다. 어릴 때 길림성 화성의숙의 교장으로서 김일성의 스승이었던 최동오는 백범과 함께 남북 협상에 참석하였습니다. 하루는 호텔에서 백범과 머물고 있는데 김일성이 스승을 찾아 왔다고 합니다. 북에 머물기를 간청하였으나 남하하였다가 6·25 때 북으로 납북되었지요. 최덕신의 월북은 이와 무관하지 않습니다.

최동오 선생은 신숙 선생과 더불어 3·1 운동 후 의암이 천도교 대표로 상해 임정에 파견한 인물입니다. 임정은 초대 대통령으로 의암 손병희를 추대하였습니다. 최동오는 임정의 법무부장을 지냈으며 신숙은 1921년 민본(民本) 정치, 노본(勞本) 경제, 인본(人本) 문화의 3본주의를 제창하였습니다. 1924년 나온 중산의 3민주의와 1927년에 나온 소앙의 3균주의보다 앞섰지요. 3본주의는 천도교의 후천 개벽의 3대 개벽인 정신개벽(신인간 인격 완성), 사회 개벽(평등 사회 건설), 민족 개벽(민족 독립 완성)과 도전(道戰), 언전(言戰), 재전(財戰)이라는 3전의 산물로 보입니다.

오익제는 월남전에 북에 부인과 딸이 있었습니다. 모두 개인적인 이유로 이들의 월북은 정부와 교단 사이에 갈등으로 인한 것이 아닙니다.

이재봉: 조금 전 최동오가 6·25 때 '납북되었다'고 표현하셨는데, 북한 사람들이 최동오를 '모셔 갔다'고 얘기하는 학자들도 있습니다. 아무튼 그들의 월북이 남북 천도교 사이에 가교 역할을 하는가요, 아니면 교류에 걸림돌이 되는가요?

노태구: 평화 공존의 국제 정세에 즈음하여 민족 종교인 천도교를 통해 남북통일의 가교 역할을 기대하게 됩니다. 그 한 예로 최덕신의 둘째 아들인 최인국의 월북은 촛불 정부인 문재인 정부의 통일부에

고를 함으로써 남북 교류의 일환으로 파견된 것으로 보입니다. 그 후 남북 정상 회담이 3번이나 연달아 개최되지 않았겠어요.

촛불 정신은 천도교의 인내천 정신에도 부합하며, 인내천은 북의 주체사상(主體思想)과도 상통하는 바가 있습니다. 사람 이외에 하늘이 없다는 인외무천(人外無天)과 하늘 이외에 사람이 없다는 천외무인(天外無人)이 동학의 경인(敬人), 경물(敬物), 경천(敬天)의 삼경 사상으로, 남의 자본주의 정치 이념과 그 세계관인 유심론은, 북의 공산주의와 세계관인 유물론의 세계관을 다 아우르는 것입니다. 그러기에 저는 남북의 천도교인들이 평화통일의 디딤돌 역할을 할 것으로 사료됩니다.

이재봉: 코로나19 이전엔 해마다 개천절을 맞아 천도교도들이 평양을 방문해 성대한 기념식을 가진 것으로 알고 있습니다. 저도 2003년엔가 한 번 참석한 적이 있고요. 왜 언제부터 어떻게 진행해 왔는가요?

노태구: 천도교가 우리나라에서 자생한 민족 종교이기 때문에 남북 교류가 활성화될 때 외래 종교에 비해 천도교에 대해 북한의 배려가 많았다고 할 수 있습니다. 앞에서 김일성의 회고록 『세기와 더불어』에서도 소개한 바와 같이 천도교와 반일 민족통일전선의 조국 광복

회 등을 결성하는 등 관계가 각별하였다고 할 수 있습니다.

천도교 중앙총부는 동서 냉전 체제가 무너지면서 북의 천도교 관계자와 교류를 통해 통일 운동에 기여하기 위해 노력하였습니다. 1989년 7월 3일 남북교류추진위원회를 발족시키고, 남에서는 1991년 5월에 동학민족통일회를 조직하여 통일 운동을 계속하고 있습니다. 1991년 10월 27일에 네팔 카트만두에서 개최된 제4차 아시아 종교인평화회의 총회에서 처음으로 남북 천도교 대표가 회동했는데, 여기서 남측 천도교 대표인 임운길 교화관장이 정신혁 조선 천도교위원장을 만났습니다.

그 후 1993년 10월에 오익제 교령이 북경에서 류미영 북한 천도교위원장과 만났습니다. 류미영은 최덕신의 부인으로 상해 임정 요인인 류동열 부장의 딸입니다. 이 회동에서 동학 혁명 100주년 행사를 서울에서 공동으로 개최하는 것에 합의했지요.

또한 단군은 우리 민족의 원조인데 평양에 단군 성전을 만들어 '우리 민족끼리'의 구호 밑에 개천절 행사를 함께 하였습니다. 천도교 위주로 7대 종단 대표들이 참석하였습니다. 개신교, 불교, 원불교, 천도교, 천주교, 기타 민족 종교를 포함한 한국민족종교협의회 등이지요. 1965년 창립된 한국종교인평화회의(KCRP)가 연대 협력 기구를 만들었습니다. 1986년 아시아종교인평화회의(ACRP) 서울 총회를 개최하는 국제 종교 기구 등과 유대를 공고히 하였습니다.

이재봉: 알겠습니다. 이 밖에 천도교가 지금까지 남북 교류와 평화통일에 특히 힘쓴 일이 있으면 소개해 주시겠어요?

노태구: 여기서는 천도교의 남북통일 운동의 일환으로 3·1 재현 운동에 대해 설명하고자 합니다. 해방 후 천도교는 한반도 정세가 반탁친탁으로 국론이 분열되는 상황을 맞았는데 이때 천도교는 남북 분열 저지 운동을 전개하고자 하였습니다. 해방 후 UN은 분단된 남북문제를 해결하기 위해 1947년 11월부터 1948년 3월까지 유엔 감시 하에서 남북한 총선거를 실시하여 통일 정부를 수립하도록 찬성 43, 반대 0, 기권 6표로 결의했습니다. 이에 따라 총선거를 감시할 유엔 한국임시위원단이 1948년 1월 8일 서울에 도착했지요. 그러나 이 위원단의 입북이 거부됨으로써 통일의 꿈은 물거품이 되고 말았습니다.

이에 천도교 중앙총부는 북한의 3백만 천도교인과 청우당원을 총동원하여 북한 주민과 이해 3월 1일을 기해 남북한 자유 총선거와 통일 정부 수립을 위한 만세 시위운동을 대대적으로 단행하기로 하고 극비리에 북한 천도교에 이 뜻을 전달했습니다. 그래서 북한의 핵심 교역자 및 청우당 지도자가 이를 논의했으나 북한 청우당 김달현 위원장이 반대했습니다. 그럼에도 불구하고 청우당을 제외한 북한 천도교 지도자들은 연원 조직을 통해 3월 1일 북한 전역에서 만세 시위를 단행하기로 하여 극비리에 추진했습니다. 그러나 김달현의 밀고로 거사를 하루 앞둔 2월 28일 밤과 당일 새벽에 검거 선풍이 불어닥쳐 북한 전역에서 1만 7천여 명의 교인이 검거되었습니다.

이로 인해 북한 전역에서의 시위운동은 좌절되었으나 영변·희천·구장·개천 등 일부 지역에서 3월 1일을 기해 수만 군중이 자유 총선거와 통일 정부 수립 만세를 외치며 비폭력 시위 운동을 전개했습니다. 결국 이 운동으로 핵심 교역자 87명이 공산 정권에 희생당하고 많은 교인이 옥고를 치렀지요. 이를 두고 천도교에서는 천도교가 주도한 1919년의 3·1 운동 정신을 계승하여 비폭력 평화 운동을 재개하였다고 하여 일명 '3·1 재현 운동'이라고 부릅니다.

공산정권에게 3·1 재현 운동이 좌절되었지만 북한의 뜻있는 교역자들은 영우회라는 하 단체를 지하단체를 극비리에 조직하여 활동하였습니다. 이 역시 공산 정권에 탄로되어 많은 교인이 검거되어 희생되었습니다. 민족의 자주 역량이 부족하여 미·소 냉전 대결 구도의 희생양이 되고만 것이지요.

이제 신자유주의의 세계화 시대가 가고, 하물며 코로나19 감염병 국면의 민족주의의 시대를 맞이하여 더 이상 외세의 정략적 수단이나 이해를 넘어, 이제는 어디까지나 민족 대단결로 완전 독립을 위한 근본적인 변화나 교류를 위하여 노력할 때입니다.

이재봉: 좋습니다. 그렇다면 천도교가 한반도 평화와 통일을 위한 특

별한 역할이나 다른 종교보다 더 잘 할 수 있는 사업으로 뭐가 있을까요?

노태구: 동학 혁명 후 정부는 1894년 갑오경장을 시행하면서 사회 신분제를 폐지하여 비인간적인 뿌리 깊은 반상의 계급 차별이 없어집니다. 이것은 동학 혁명의 직접적인 영향에서 비롯한 것이지요. 2019년에 정부가 동학 혁명을 국가 기념일로 제정하였습니다. 황토현 전승 기념일인 1894년 5월 11일을 기념하여 매년 5월 11일을 국가 차원에서 기념행사를 하게 된 것입니다. 올해는 동학군의 최종 목적지였던 경복궁에서 제127주년 동학 농민 혁명 기념행사를 거행하였습니다.

그러면 한반도 평화와 통일을 위한 천도교의 역할을 두고, 정치 이념·철학 사상의 측면에서 살펴보도록 하겠습니다. 세계는 지금 양자 역학적 세계관의 시대입니다. 통섭적인 새 패러다임이 요구되는 즉, 심원한 정치 철학적 함의와 그것의 실천을 요구하는 인식론적 틀과 과학적 방법론이 요구되는 변천의 시대이죠. 따라서 삶에 대한 사유의 근본적 전환을 요구하는 문명사적 대변환의 시대인 것입니다. 그리하여 21세기 생명 정치의 전일적 탐색을 지향하는 사회 과학 방법론이 특별히 동학 천도교의 관점에서 가능한 것인지를 추구해 보자는 것입니다. 이것이 가능하다면 민족사의 당면 과제인 평화통일을 앞두고 천도교가 기여할 수 있는 역할이 될 것입니다.

새 패러다임은 생명 정치의 분열을 극복할 수 있고, 즉 생명이 단순히 개체화된 물질적 생명체가 아니라 비분리성 비이원성을 본질로 하는 영성이라는 대통섭의 진정한 통찰이 수반되어야 합니다. 윌버(Ken Wilber)는 초개인 심리학 분야의 대가이며 대표적 포스트 모던 사상가로, 삶의 3양태 또는 3차원을 말합니다. 육안(肉眼)·심안(心眼)·영안(靈眼)은 감각적, 정신적, 초월적으로 각각 고유한 앎의 대상을 가지며 상호 조응합니다. 진화적 홀아키(horachy)로 이루어져 있는 것이지요.

뉴 패러다임은 미국의 생물학자 윌슨(Edward O. Wilson)의 저서 Consilience(1998)가 통섭으로 번역되면서 학계의 화두가 되었습니다. 즉, 진리는 설명의 차원이 아니라 이해의 차원이며, 추론의 차원이 아니라 직관의 차원이라는 겁니다. 영성이 배제된 근대 서구의 객관적 이성 중심주의 내지는 개성과 다양성이 배려되지 않은 전체성의 관점은 통섭적 사유가 결여되어 있기 때문에 세상을 변혁시키는 동력으로 작동하기 어렵습니다. 통섭적인 뉴 패러다임은 물질과 정신, 부분과 전체, 작용과 본체의 유비적 대응 관계에 주목합니다. 동양 사상의 바탕을 이루는 리사(理事)·체용(體用)·진속(眞俗)·염정(染淨)의 이들 범주들은 의식계(본체계)와 물질계(현상계)의 상호 연결을 이해하기 위해 설정된 논리적 범주들입니다. 한마디로 기(氣)·색

174

(色)·유(有)라는 물질의 궁극적 본질이 리(理)·공(空)·무(無)라는 비물질과 둘이 아니며 분리성은 환상에 지나지 않는다는 것입니다.

동학은 한 사상의 근대적 발현으로 뉴 패러다임의 실천적 한계를 극복한 방안인 것입니다. 동학은 동에서 났으니 동학이라고 한 것일 뿐, 일체의 경계가 해체된 무경계의 사상입니다. 동학은 공공성, 소통성, 자율성, 평등성을 본질로 하는 한 사상이 근대의 시·공간에서 독창적으로 발현된 생명 사상입니다. 생명이 육체와 분리 자체가 근원적으로 불가능한 영성입니다. 그 자체로 생명 사상의 진수이지요. 동학의 원리 불연기연(不然其然)의 불연(不然)은 초논리, 초이성, 직관의 영역으로 사물의 근본 이치이고, 기연(其然)은 감각적, 지각적, 경험적, 판단의 영역으로 사물의 현상적 측면입니다. 오심즉여심(吾心卽汝心)은 '내 마음이 곧 네 마음'으로 천인합일(天人合一)의 이치인 것입니다.

동학의 통섭적 세계관은 동학의 표제어인 논학문(論學文) 시(모심)의 3화음적 구조인 내유신령(內有神靈)·외유기화(外有氣化)·각자불이(各者不移)에서도 확연히 드러납니다. 즉, 신령과 기화는 생명의 본체와 작용, 내재와 초월의 관계로서 합일입니다. 생명은 본래 불가분의 관계로 하늘을 생명의 본체라고 하고, 만물은 그 작용이라고 하는 것입니다. 시천주 도덕으로 우주 만물의 전일성을 현시로, 본래의 천심을 회복하여, 참 나의 자각적 주체가 됨으로써 공심의 발휘가 극대화되어 각자불이(各者不移)의 평등무이(平等無二)한 무극대도의 세계를

175

구현하려는 것이 동학의 실천 원리입니다.

뉴 패러다임의 본질로 의식의 스펙트럼이 물질계(육안), 양자계(심안), 비국소성(영안)의 영역까지 확장된 것입니다. 이들 3차원도 상위 차원이 하위 차원을 포괄하는 동시에 초월하는 진화적 홀아키로 이루어져 있어요. 통섭학은 글로벌 차원의 접근이 필요합니다. 서구의 과학 문명, 과학적 물질주의가 여전히 이원론에 빠져 있는데, 아울러 이는 코로나19 팬데믹, 또한 기후 변화, 자원 고갈, 불평등의 문제를 다루어야 하기 때문이지요.

삶에 대한 사유의 근본적 전환이 필요합니다. 지식과 삶의 화해가 절실히 요구됩니다. 또 민족의 운명이 달린 문제이기도 합니다. 그러므로 동학 천도교가 그 통섭적 이념으로 남·북 양 체제를 변증법적으로 지양함으로써 민족의 평화통일에 기여하는 바가 크다고 하겠습니다.

이재봉: 뜻이나 취지는 좋은 것 같습니다만 여전히 알아듣기 어렵습니다. 한자와 동학 및 천도교를 조금이나마 공부해 본 저도 알아듣기 어려운데 제 독자들이 얼마나 이해할지 모르겠군요. 동학과 천도교를 널리 알리기 위해서라도 그리고 천도교의 통일 사업을 확장하기 위해서라도 앞으로 누구든지 알아듣기 쉬운 말로 고쳐 주시는 게 바람직할 것 같습니다. 수고하셨습니다.

제 7 장

통일교와 평화

: 평화와 통일을 위한 통일교의 역할

이재봉: 먼저 통일교에 대해 간략하게 소개해주시겠어요?

김수민: 저는 통일교회를 대표해서 이 자리에 선 것이 아니고 저 나름의 이해와 경험을 바탕으로 말씀드리겠습니다. 개인의 견해이기 때문에 한계가 있다는 점을 먼저 밝힙니다. 통일교회의 창립자이신 문선명 선생의 호칭은 다양하지만 이 자리에서는 '선생'으로 하겠습니다. 교단의 명칭도 '가정연합'보다는 여러분에게 익숙한 '통일교회'를 사용하겠습니다.

　통일교회는 문선명 선생이 중심이 되어 1954년 5월 1일 서울에서 창립됐습니다. 원 명칭은 '세계기독교통일신령협회'인데 세간에서는 줄여서 통일교회 또는 통일교라고 불렸습니다. 통일교회는 초창기 열정으로 국내 기반을 다지는 한편 1958년 처음으로 일본에 선교사를 보내고 1959년에는 미국에 선교사를 파송했습니다. 차츰 전 세계로 활동 영역을 넓힌 결과 현재 194개국에

300여만 명의 교인을 갖게 됐습니다. 창시자 재세 시에 국경을 넘어 세계적 기반을 다진 것은 교통과 통신의 발달이라는 요소를 제외하더라도 종교사에서 특기할만한 일입니다. 통일교회가 전파되는 곳에는 국경과 인종을 초월하여 한국을 신앙의 조국으로 여기고 한국의 언어와 문화를 배우려는 움직임이 일고 있습니다.

문선명 선생은 음력 1920년 1월 6일 평안북도 정주군 덕언면 상사리에서 태어났습니다. 집안 어른들의 영향으로 어려서부터 기독교 신앙을 해왔으며 16세 되던 해 부활절 새벽에 특별한 체험을 합니다. 집 근처 묘두산에 올라 밤새워 기도하던 중 예수님이 홀연히 나타나 "고통 받는 인류 때문에 하나님이 너무 슬퍼하고 계신다. 지상에서 하늘의 역사에 대한 특별한 사명을 맡으라. 고통 받는 인류를 구해 하나님을 기쁘게 해드리라"는 영적 체험을 하게 되는 거죠.

그 후 선생은 인생과 우주의 근본 문제를 풀기 위해 불철주야 기도와 수행의 시간을 보냈습니다. 마침내 하나님과 인간은 부모와 자녀의 관계이며 부모이신 하나님이 인간의 타락으로 자녀를 잃어버린 비통한 심정 속에 계신다는 사실을 깨닫게 됩니다. 전지전능의 하나님, 영광의 하나님으로만 알았으나 눈물과 고통의 하나님, 한의 하나님이라는 사실을 깨닫고 선생은 하나님의 심정 해원, 인류의 구원, 평화 세계의 실현이라는 목표를 위해 전 생

180

애를 바쳤습니다. 또한 선생은 인간과 세상에 대한 남다른 예지력을 지닌 분이었습니다. 동서양의 문명이 융합되고 정신문명과 물질문명이 조화를 이루는 문명사의 대전환기가 올 것을 예견하고 그 때에는 한국이 중심국가가 될 것이라고 강조하셨습니다.

선생은 2012년 9월 3일 성화(聖和)하셨습니다. 통일교회는 육신의 생명이 끝나 영적 세계로 돌아가는 것을 성화라고 합니다. 선생은 생전에 훼예포폄(毁譽褒貶)을 한 몸에 받았습니다. 관점에 따라 다양한 평가가 가능하겠지만 하나님을 향한 지극한 정성과 인간을 사랑하는 마음으로 한 생을 사신 분입니다.

이재봉: 조금 전 문선명 선생이 "훼예포폄(毁譽褒貶)을 한 몸에 받았다"고 했는데, 훼방도 당하고 칭찬도 받았다는 뜻이죠? 저는 통일교가 이른바 '이단' 또는 '사이비 종교'로 간주되며 부정적 평가를 더 많이 받아왔다고 생각합니다. 우리나라에서 일어난 종교 가운데 원불교와 천도교는 '민족종교'로 대우받고 있는데 말이죠. 교수님도 그렇게 느끼시는가요? 이에 대해 통일교도로서 해명이든 반박이든 하시겠습니까?

김수민: 이단은 한자로 다를 이(異) 끝 단(端), '끝이 다르다'는 뜻으로 기성 종교의 교리를 다르게 해석하여 가르치는 사람이나 집

단을 말합니다. 사이비는 교리를 악용하여 이익을 얻으려는 사람이나 집단을 일반적으로 가리킵니다. 정통과 이단으로 대립시켜 이해하면 이단의 의미가 확실해질 것입니다. 문제는 정통의 기준이 무엇이며 누가 그 기준을 정하느냐는 것입니다.

종교 역사를 보면 새로운 것이 생겨나면 항상 이단 시비가 있었습니다. 큰 줄기만을 보더라도 이천 년 전 유대교의 제사장들은 예수님과 제자들이 율법을 어긴다고 비난했으며 끝내는 예수님을 십자가의 길로 몰았습니다. 성경(요한복음 10장 37~38)에는 예수님이 자신을 믿어주지 않은 유대인을 향해 "나를 믿지 아니할지라도 그 일은 믿으라"고 하소연하고 계십니다. 유대교인의 눈으로 보면 예수님과 제자들은 이단이고 사이비였습니다.

예수님의 뜻을 이어받은 가톨릭은 종교개혁의 기치를 든 프로테스탄트를 이단으로 규정하고 종교재판 등을 통해 상상하기 어려운 박해를 가했습니다. 프로테스탄트 역시 주류가 된 후에는 수많은 종교를 이단으로 정죄해 배척하고 있습니다. 역사적으로 보면 가톨릭이나 프로테스탄트도 이단 출신입니다. 그렇다고 오늘날 가톨릭이나 프로테스탄트를 이단이라고 하지는 않습니다. 시간이 흐르고 보면 어제의 이단이 오늘 정통이 되기도 합니다.

정통과 이단 시비의 기저에는 진리를 독점했다는 생각이 깔려 있습니다. 나만 진리를 알고 너는 모른다는 생각이지요. 종교의 교리는 인지의 발달과 시대의 변화에 따라 달리 표현되는데 교리 표현의 차이를 진리의 우열로 판단합니다. 진리를 독점했다는 생각과 함께 부정확한 근거에 의한 판단의 결과는 나와 다른 존재에 대한 배타적 태도로 나타나게 됩니다.

통일교회가 이단 시비에 휘말리게 된 계기는 1955년 3월부터 7월 사이에 일어난 이른바 '이대·연대 사건'입니다. 통일교회가 대학가를 중심으로 선교활동을 한 결과 이화여대와 연세대의 교수와 학생이 대거 통일교회에 입교하게 되었습니다. 이대와 연대는 학교 설립 정신에 어긋난다는 이유로 교수를 해임하고 학생을 퇴학시키는 강경 조치를 취했습니다. 여기에는 이단 시비 외에도 교수와 학생의 통일교회 입교 사실이 알려질 경우 해외 기독교재단의 후원을 받는 데 지장이 있지 않을까 염려한 측면도 있었을 것입니다.

당시 이화여대 김활란 총장은 통일교회가 어떤 곳이기에 교수와 학생들이 몰리는지 알아보기 위해 특별히 신임하는 김영운 교수를 통일교회에 파견합니다. 김영운 교수는 캐나다에서 신학을 전공한 분이었습니다. 그런데 기대와 달리 김영운 교수가 통일교회의 교리에 공감해 입교하는 일이 벌어집니다. 학교 측은 기존 신앙과 통일교회 중 하나를 택하도록 요구했고 김영운 교수를 비롯한 다수의 교수와 학생은 주저하지 않고 통일교회를 선택했습니다.

사태의 진전에 당황한 학교 측은 이승만 정권의 2인자였던 이기붕 씨의 부인 박 마리아 교수를 앞세워 정권 차원에서 통일교회를 핍박하기 시작했습니다. 이화여대는 김영운 교수를 비롯한 5명의 교수를 해임하고 14명의 학생을 퇴학시켰으며 연세대도 총무처장 박상래 신학대 교수를 해임하고 학생 2명을 퇴학시켰습니다. 퇴학당한 학생 중에는 한 학기만 더 다니면 졸업을 하는 4학년 학생도 있었습니다. 순전히 통일교회에 다닌다는 이유에서였습니다.

　급기야는 사법당국이 문선명 선생을 사회혼란 혐의로 조사했으나 혐의점을 찾지 못하자 병역법 위반 혐의를 걸어 3개월 간 구속합니다. 그러나 그 혐의마저도 입증하지 못해 무죄로 석방했습니다. 당시 신문들은 문 선생의 구속 수감은 대서특필하고 무죄 석방은 조그만 기사로 처리했습니다.

　일부 신문이 종교의 자유를 보장하라며 이대와 연대의 조치를 성토하는 사설을 실을 정도로 사회적 이슈가 됐습니다만 통일교회는 기성 교단과 이승만 정권의 조직적인 박해 속에 이단이라는 낙인이 찍혔습니다. 기독교 장로가 대통령인 상황에서 정권 차원의 핍박은 견디기 어려운 시련이었으며 한번 찍힌 낙인은 쉽게 벗을 수 없는 무서운 족쇄가 되었습니다. 그러나 종교의 속성상 외부의 핍박이 심하면 심할수록 신앙적 열정은 더욱 솟아나는 법입니다.

이재봉: 제가 평화학을 공부하며 모든 종교에 관심 갖고 조금씩 공부해봤는데 지금 말씀하신 '이대·연대 사건'은 전혀 모르고 있었네요. 그런데 통일교에 대한 부정적 평가 때문인지 이름까지 고쳤습니다. '세계평화통일가정연합'이라고. 종교 이름을 '가정연합'이라고 하니 종교로서의 정체성을 스스로 부인하는 게 아닌가요? 언제 왜 바꾼 겁니까?

김수민: 통일교회는 1997년 4월 10일 '세계평화통일가정연합'으로 개칭했습니다. 혹자는 통일교회라는 명칭의 대외 이미지 때문에 교단의 명칭을 바꾸었을 것으로 짐작합니다. 순전한 오해입니다. 교단의 명칭을 변경한 것은 섭리의 진전에 따른 자연스러운 변화일 뿐 본질에서는 아무런 차이가 없습니다.

군이 설명하자면 다음과 같은 이유일 것입니다. 첫째, 통일교회는 제도 종교에 머무는 것이 아니라 종교 너머의 세상을 지향합니다. 편협하고 배타적인 제도 종교의 시대는 저물고 있다고 봅니다. 진리와 영성을 통한 진정한 의미의 종교가 필요한 때이지요. 제도와 조직이 더 중요한 의미를 갖게 되는 제도 종교는 시간이 흐르면서 종교의 본질과 멀어졌습니다. 심지어 종교의 이름으로 테러나 학살이 버젓이 자행되기도 합니다. 문선명 선생은 통일교회를 창립하면서 교회의 간판을 떼는 것이 궁극적 목적이라고 천명했습니다. 선생을 따르던 사람들은 그 때에는 교회의 창립 목적이 제도나 조직에 있지 않다는 사실을 이해하지 못했습니다. 이제는 제도 종교를 넘어서야 할 때가 된 것입니다. 종교가 제도나 조직의 논리에 얽매여 내 편과 네 편을 가를 때 하나님의 뜻은 결코 이루어질 수 없습니다. 그러기에 통일교회는 초국가, 초인종, 초종교 운동을 전개하는 것입니다.

둘째, 창조 본연의 세계는 궁극적으로 참된 가정 안에서 실현된다고 믿기 때문입니다. 하나님의 꿈은 인간이 사랑을 바탕으로 참된 가정을 이루는 것이며 그 기반을 확대해서 하나님 중심의 인류 한 가족(One Family under God) 이상을 실현하는 것입니다. 통일교회가 축복결혼식을 통한 참 가정 운동을 전개하고 있는 것도 이런 뜻에서입니다. 가정연합으로 명칭을 변경한 것은 참 가정을 기반으로 한 평화 세계의 실현이라는 본래의 목표를 좀 더 구체화했다고 이해하시면 될 것입니다.

이재봉: 알겠습니다. 고맙습니다. 오해해서 죄송하고요. 이와 관련해 '가정연합'이라는 새 이름에서도 드러나듯 통일교는 국제합동결혼식으로도 널리 알려져 있습니다. 수만 또는 수십만 명이 국경을 초월해 합동으로 결혼식을 올려왔는데 그 의미와 배경은 뭔가요?

김수민: 성경(창세기 1장 28절)을 보면 하나님은 인간에게 3대 축복을 주셨습니다. 통일교회는 이를 개성 완성, 가정 완성, 주관성 완성으로 이해하고 있습니다. 하나님의 뜻은 인류 한 가족 이상을 실현하는 것이며 그 기반이 가정이라는 설명은 이미 했습니다. 가정은 부모의 사랑, 부부의 사랑, 형제자매의 사랑, 자녀의 사랑을 배우고 실천하는 곳이며 이것이 확대되어 이웃, 국가, 세계를 사랑할 수 있기 때문입니다. 가정은 사랑의 학교이자 평화 세계를 위한 베이스캠프라고 할 수 있습니다.

통일교회에서는 장성한 남녀가 부부의 연을 맺는 의식을 축복결혼식이라고 합니다. 축복결혼식은 타락으로 잃어버린 하나님의 참 사랑과 참 생명으로 복귀하는 대전환 의식입니다. 부부가 사랑의 근원이신 하나님께 사랑의 고리를 거는 것이라고 할 수 있습니다. 이 의식에 참여하는 사람들은 국경과 인종 종교까지 초월합니다. 대규모 합동결혼식이라고 하니까 마구잡이 싸구려 결혼식일 것이라는 선입견을 갖기 쉽습니다. 그러나 축복결혼식은 국가와 인종 종교를 뛰어 넘는 거룩한 혼례이며 사랑과 생명의 의식입니다.

이재봉: 한 번 더 사과해야겠군요. 저도 '마구잡이 싸구려 결혼식'이리라 생각했던 점에 대해서요. 그런데 10여년 전쯤에 무슨 선

거를 앞두고 '평화통일가정당'을 만든 것으로 기억합니다. 유럽엔 기독교정당이 많고 남한에서도 기독교정당이 만들어지긴 했습니다. 북한에서는 천도교정당이 있고요. 통일교가 정당을 만든 배경이나 이유는 뭡니까?

김수민: 이 질문에는 가정당 창당이 정교분리 원칙에 위배되는 것 아니냐? 종교가 정치에 뛰어드는 것은 건전한 상식으로 볼 때 불온한 의도가 있는 것 아니냐는 뉘앙스가 들어있는 것 같습니다.

이재봉: 그건 아닙니다. 그래서 미리 말씀드렸잖아요. 유럽과 남한의 기독교정당과 북한의 천도교정당을요.

김수민: 정교분리 원칙이란 국가는 국민의 세속적 생활에만 개입할 수 있고 내면의 문제는 자율에 맡긴다는 것입니다. 국가가 종교에 대해 중립을 지킨다는 것이지요. 그러나 종교가 정치에 개입해서는 안 된다는 뜻으로 이해하는 경향이 있는 것도 사실입니다.

종교의 목적이 인간의 근원적 갈망을 해소해서 내적 영적 풍요로움을 제공하는 것이라면 정치의 목적은 국민에게 현세적이고 외적인 행복을 제공하는 것이라고 할 수 있습니다. 종교와 정치모두 인간의 내외 양면에 선한 영향력을 미치려는 노력인 것입니다.

그러나 인간의 내면적 생활과 외면적 생활은 칼로 자르듯 둘로 나눌 수 없기 때문에 종교와 정치의 상호 보완이 중요합니다. 통일교회는 평화 세계의 실현이라는 현세적 목표도 가지고 있습니다. 그런 의미에서 통일교회가 정당을 만든 까닭도 이해해 주시면 좋겠습니다.

우리나라 정치인의 종교적 배경이 다양하지만 그렇다고 종교가 정치에 개입한다고 말하지 않습니다. 종교가 민주적 통제 내에서 선한 영향력을 행사하고, 교인에게는 정당을 선택할 자유가 있다면 종교인의 정치 참여를 부정적으로만 볼 것은 아닙니다. 통일교회가 가정당을 만들었지만 그렇다고 모든 통일교인이 가정당을 지지한 것은 아닙니다. 교회 안에는 다양한 생각이 공존합니다. 일부 기독교단의 정당 창당도 그들 나름의 영향력을 행사하려는 동기에서 출발했을 것입니다. 다만 그들의 동기가 국민의 선택을 받느냐는 별개의 문제입니다.

이재봉: 좋습니다. 고맙습니다. 아무튼 통일교에서는 유난히 평화를 내세웁니다. 1970년대에 '세계평화교수협의회'를 만들었어요. 2000년대엔 '세계평화통일학회'를 거쳐 '한국평화연구학회'도 만들었고요. 교수님은 그 학회 회장도 맡았고, 선문대학교 평화대학장을 맡기도 하셨습니다. 평화학을 공부하는 제겐 반가운 일인

데, 통일교가 이렇게 '평화'를 앞세우는 이유가 뭔가요?

김수민: 문선명 선생이 16세 되던 부활절에 예수님으로부터 섭리적 사명을 부여받았다는 얘기를 했습니다. 그 후 선생의 결심 중하나가 평화 세계의 실현이었습니다. 평화는 모두가 공감할 수있는 주제이자 모든 종교가 추구하는 근본 가치입니다. 인류는두 차례의 세계대전에서 엄청난 참상을 겪었고 냉전 시기에는 핵전쟁의 공포에 떨어야 했습니다. 우리나라는 동족상잔의 비극을경험했을 뿐만 아니라 지금도 남북대결의 긴장이 지속되고 있습니다. 종교를 떠나서라도 우리 현실에서 가장 절실한 것이 평화가 아닐까요?

평화는 인간의 기본적 욕구가 충족되고 자유 평등 정의가 실현되는 상태를 말합니다. 단순히 갈등이나 전쟁이 없는 상태가 아니라 사회구조나 제도에 의한 간접적 폭력과 억압이 없는 상태를의미합니다. 그러므로 평화는 인간 내면의 평화는 물론이고 인권,자유, 평등, 정의, 환경, 보건, 빈곤 퇴치, 성 평등 등 구체적 삶의 현장과 관련되어 있습니다. 평화가 정착되기 위해서는 현실을변혁하려는 강력한 동인이 필요하고 이론과 실천의 통일이 수반되어야 합니다. 그런 점에서 평화는 종교적 영역과의 정합성이크다고 봅니다. 통일교회의 지향점이 적극적 평화를 통한 평화 세계의 실현이라는 점에서 평화를 내세우는 것은 자연스러운 일입니다.

이재봉: 평화, 좋습니다. 참 고귀한 가치죠. 그렇지만 통일교가 냉전시대엔 어느 집단보다 '반공'과 '승공'을 내세웠잖습니까?

김수민: 우리 사회 일각에서 통일교회의 승공운동을 특정 정권과 연결시켜 비난하는 것을 잘 알고 있습니다. 그러나 이는 사실과 다르다는 점을 밝힙니다. 통일교회가 승공운동을 벌이는 데는 나름의 이유가 있습니다. 첫째, 공산주의는 살아 계시는 하나님을 부정하는 무신론과 유물론에 입각한 사상이기 때문입니다. 공산주의는 만유의 근원이신 하나님을 부정할 뿐만 아니라 종교를 억압하는 반종교적 이념입니다. 물질적 조건의 변화에 따라 역사가 발전한다는 유물사관은 통일교인의 생각과 조화를 이루기 어렵습니다.

둘째, 공산주의의 인간 이해가 천박하기 때문입니다. 공산주의는 인간의 가치를 물질적 가치로 한정합니다. 유물론은 물질이 본원적이고 선차적이며 정신은 물질에서 파생된 후차적인 것이라고 주장합니다. 공산주의는 인간을 물질의 진화과정을 거친 최고 단계의 고등동물로 규정하고 인간과 동물의 근본적 차이를 사회적 노동에서 찾고 있습니다. 통일교회는 인간을 하나님의 형상을 닮은 천주적 가치를 지닌 개성진리체로 이해합니다. 개성진리체로서의 존엄, 사랑, 자유 등은 시공을 초월하는 보편적 가치이며 물질적 가치를 넘어서는 것입니다.

셋째, 공산주의는 인간과 역사의 자연스러운 발전을 저해하는 억압 체제를 뒷받침하기 때문입니다. 초기 자본주의 사회의 비참한 현실을 보고 인간소외를 언급한 마르크스의 진단은 정당했습니다. 그러나 계급투쟁과 폭력혁명을 통해 새로운 사회를 이루려는 시도는 무수한 희생과 증오를 불러 왔고 결과적으로 성공하지 못했습니다. 공산주의는 일당독재로 가는 비민주적 조건을 내세우고 공산당이 새로운 계급이 되어 개인의 건전한 욕구를 억압하는 체제이기 때문에 받아들일 수 없는 것입니다.

승공운동의 진정한 목적은 공산주의자를 죽이려는 것이 아니고 참 진리와 참 사랑으로 그들을 살리려는 것입니다. 곧 공산주의의 무신론, 인간관, 세계관, 역사관 등을 비판하고 그에 대한 대안을 제시하는 것입니다. 그러기에 문선명 선생이 소련과 북한을 방문해서도 서슬이 파란 당국자의 면전에서 공산주의나 주체사상의 한계를 설파할 수 있었던 것입니다.

여담으로 공산주의 문제와 관련해, 국제정치학계에서 시스템이론의 대가로 알려진 시카고 대학의 모턴 캐플란(Morton Kaplan) 박사와 문선명 선생 간의 일화를 소개하고자 합니다. 캐플란 박사는 문선명 선생이 설립한 세계평화교수협의회 세계의장을 맡고 있었습니다. 1985년 스위스 제네바에서 교수협의회 총회가 열리기로 되어 있던 어느 날, 문선명 선생은 캐플란 박사에게 '소련 공산주의의 종언'을 선포하도록 요청합니다. 그 때는 소련 공산주의가 팔팔하던 시절이었습니다.

국제정치 현실을 잘 아는 캐플란 박사는 "공산주의가 몰락한다는 선생의 이야기는 믿지만 아직은 때가 아니니 공산주의 '종언'보다는 '쇠퇴'를 선포하는 것이 어떠냐"고 제안합니다. 캐플란 박사는 총회에서 섣불리 공산주의의 종언을 선포했다가 그렇게 되지 않을 경우 학자로서의 명성에 큰 손상을 입게 된다는 점을 염려한 것입니다. 문선명 선생은 "소련이 7년 안에 망하니 이를 선포하라"고 강하게 주장하면서 "이는 내 기도의 결론이다"고 강조합니다.

캐플란 박사는 기도가 아닌 논리가 있어야 한다고 주장했지만 결국 문선명 선생의 설득으로 스위스 총회에서 '소련 공산주의의 종언'을 선포했습니다. 결과는 우리가 이미 아는 대로입니다. 문선명 선생은 기도를 통해 참된 이치가 아닌 공산주의는 일시적으로 세계의 상당 부분을 장악할 수는 있어도 70여 년을 넘기기 어렵다는 사실을 아셨던 것입니다.

이재봉: 저는 전 세계 인류가 민족과 국경을 초월해 자유롭고 평

등하게 살자는 공산주의 목표는 너무 좋다고 생각해왔습니다. 그 목표를 이루기 위한 수단으로 폭력을 정당화하고 미화하는 건 물론 크게 비판 받아야겠지 만요. 아무튼 아까 '성화'라고 표현하셨는데, 작고하신 문선명 선생이 2009년 펴낸 자서전 ≪평화를 사랑하는 세계인으로≫를 몇년 전 읽었습니다. 지난날 "국제적 승공운동의 괴수"로 알려진 선생이 1990년 소련공산당 최고지도자 고르바초프를 만나 공산주의를 포기하라고 요구했다고 밝혔더군요. 당시 노태우 대통령과 고르바초프 서기장의 한소 정상회담과 한소 국교정상화, 그리고 남북한 유엔가입 지지 등을 문 선생이 제안했는데, 고르바초프가 동의하고 지지했다고 했어요. 과장이 좀 섞인 것 같은데 교수님은 어떻게 평가하세요?

김수민: 평화 세계를 실현하기 위한 문선명 선생의 노력은 냉전의 한 축인 소련공산당 최고지도자와의 만남으로 이어졌습니다. 문선명 선생은 1990년 4월 세계언론인대회 참석차 모스크바를 방문해 4월 11일 고르바초프 서기장을 만났습니다. 선생은 크레믈린 궁전에서 소련 전.현직 각료를 접견한 후 밀실로 옮겨 고르바초프 서기장과 두 분만의 특별회담을 가졌습니다.

문 선생은 고르바초프 서기장에게 "종교의 자유를 허락하라, 하나님 없이 물질세계만을 개혁하려 하면 페레스트로이카는 반드시 실패한다, 이제 공산주의는 곧 끝난다, 한소 수교를 하라, 한소 정상회담을 위해 노태우 대통령을 초청하라"고 요구했습니다. 사실입니다. 거기에 더해 "3000여 명의 소련 젊은이를 미국으로 보내라. 내가 교육시키겠다"고도 했습니다. 소련 젊은이들에게 미국의 정치, 경제, 사회 등을 직접 보여줌으로써 세상의 흐름을 알게 하려는 뜻이었습니다. 소련의 젊은이들은 미국을 방문해 통일교회의 교육을 받았으며 미국 사회를 직접 체험했습니다. 1991년 8월 소련 군부가 쿠데타를 일으켰을 때, 미국을 방문했던 그 젊은이들이 시민과 합세해 쿠데타에 저항했다는 후일담을 들었습니다. 소련 쿠데타는 3일 천하로 끝나고 말았습니다.

문선명 선생과 고르바초프의 회담은 세계적 냉전 종식에 일정 부분 기여했다는 점을 기억할 필요가 있습니다. 야인이 된 고르바초프는 1994년 문 선생의 서울 한남동 자택을 방문해 환담했으며 선생의 성화 후에도 부인이신 한학자 총재와 지속적인 교류를 이어오고 있습니다.

이재봉: 알겠습니다. 고맙습니다. 문 선생이 1991년엔 조선노동당 최고지도자 김일성 주석을 만나 핵무기를 포기하도록 부탁했다고도 밝혔습니다. 그리고 1994년 김일성이 사망하자 남한에서는 이른바 '조문파동'이 일어나고 남북관계가 최악으로 치달으면서,

북한이 외부 조문객을 일체 받지 않겠다고 했지만, 문 선생은 제자 박보희에게 "압록강을 헤엄쳐 건너서라도 반드시 들어가서 조문하고 와"라고 했다는데, 박보희의 목숨을 건 요구에 북한은 그의 조문을 받아들이고 김정일은 정중하게 인사했다는 대목도 읽었고요. '승공운동의 괴수' 또는 '반공주의자'가 그렇게 소련 및 북한의 공산당 최고지도자들과 친분을 맺을 수 있었던 배경이나 이유가 어디에 있고, 목적이 무엇이었을까요?

김수민: 문선명 선생은 소련 크레믈린 궁전을 나서면서 "1991년이 가기 전에 김일성 주석을 만날 수 있도록 주선하라"고 박보희 보좌역에게 지시합니다. 소련이 곧 망할 것을 안 선생은 소련 붕괴 후 궁지에 몰린 북한이 전쟁으로 상황을 타개하려 할 것을 염려하고, 전쟁을 막기 위해서는 어떤 식으로든 북한과 대화 채널을 가져야 한다고 생각했던 것입니다.

문 선생의 지시를 받은 박보희 씨는 김달현 북한 정무원 부총리와 접촉했습니다. 김달현 부총리는 "북한 인민들이 문 선생을 국제적인 승공운동의 괴수로 알고 있는데 어떻게 보수 반공의 총수를 환영할 수 있겠는가. 문 선생의 방북은 절대 허용될 수 없다"고 못을 박았답니다. 그러나 박보희 씨는 "반공주의자 닉슨이 중국을 방문해 미중 수교가 이루어졌고 고립된 중국이 세계무대의 중심으로 떠오르고 있다. 그것은 닉슨이 반공주의자였기 때문에 가능했다. 북한이 세계적인 공신력을 가지려면 문 선생 같은 보수 반공주의자를 친구로 만들어야 한다"고 설득했습니다.

북한은 1991년 11월 30일 문선명 선생 내외분을 초청했고 김일성 주석이 보낸 특별기편으로 북한을 방문했습니다. 김일성 주석은 문 선생이 구축해 놓은 세계적인 기반을 활용하려 했을 것이고 대북 투자와 경제협력에 대한 기대도 있었을 것입니다.

문선명 선생은 1991년 12월 1일 평양 만수대 의사당에서 〈피는 물보다 진하다〉는 주제로 2시간 동안 강연을 합니다. 이 자리에서 만수대 의사당 책상을 내리치며, "총칼로는 남북이 통일될 수 없다. 무력으로 어떻게 해보겠다는 생각은 어리석은 일이다. 주체사상으로도 통일할 수 없다. 하나님의 사랑을 실천하는 하나님주의로만 통일이 가능하다. 남침 사과하라. 남한에 심어놓은 고정간첩 2만여 명 자수시켜라. 내가 교육시키겠다"고 역설합니다.

선생의 연설이 끝나자 조국평화통일위원회 윤기복 부위원장과 김달현 정무원 부총리 등 북한 간부들의 얼굴이 무섭게 굳어졌고 문 선생의 수행원들도 이러다가 북한을 빠져 나가지 못하는 것 아닌가 속으로 걱정했다고 합니다. 말씀이 너무 강한 것 아니냐는 보좌진의 걱정에 문 선생은 "여기 와서 할 말 안 하고 가면 천벌 받는다"고 하셨답니다. 김일성과 김정일이 이런 상황을 보고

받았을 것으로 짐작됩니다만 그럼에도 불구하고 선생 일행의 방북 일정은 예정대로 진행됐습니다.

문선명 선생 내외는 마침내 1991년 12월 6일 함경남도 함흥의 마전 주석공관에서 김일성 주석과 만났습니다. 오전 10시 30분부터 오후 1시까지 2시간 30분 동안 오찬을 겸한 회담이 이어졌으며 이 자리에서 이산가족 상봉, 북한의 비핵화, 남북경협 활성화, 남북정상회담 개최 등에 합의했습니다. 두 사람은 사냥과 낚시를 화제로 환담하고 김일성 주석은 부시 대통령이 자신을 미국에 초청하도록 주선해 줄 것을 문 선생에게 당부하기도 했습니다. 문 선생이 "김 주석이 나보다 연세가 많으시니 형님뻘 되시는군요" 하자 김 주석이 "우리 이제부터 형님 동생하며 잘해 보십시다" 하며 손을 꽉 잡았다고 합니다. 문 선생의 방북은 무엇보다도 북한에 진정한 사랑을 전하고자 했으며 그 진정성이 통한 것입니다. "남한 사람이 남한보다 더 북한을 사랑하고 북한 사람이 북한보다 더 남한을 사랑하면 오늘이라도 한반도 통일은 가능하다"는 문 선생의 말씀에서 진정한 사랑의 마음을 읽을 수 있습니다.

금방 이 교수님이 얘기했듯, 김일성 주석이 1994년 7월 8일 사망했을 때 문 선생은 박보희 씨를 불러 "압록강을 헤엄쳐서라도 반드시 북한에 들어가 조문하고 와라"고 지시합니다. 당시 외부 조문 사절은 받지 않겠다는 북한도 "문 선생의 조문 사절은 예외로 하여 평양에 모시도록 하라"는 김정일 위원장의 지시에 따라 박보희 씨 일행은 평양에 들어갈 수 있었습니다. 그러나 남측의 조문파동으로 남북관계가 냉각되는 바람에 박보희 씨는 어려움을 겪게 됩니다. 정부 당국에 신고하고 방북했음에도 국민정서를 의식한 당국이 처벌 운운하는 바람에 박보희 씨는 4년간 해외에서 떠돌이 생활을 해야 했습니다.

이재봉: ≪경향신문≫이 올해 2월과 4월 보도했듯, 문 선생은 1981년 한일해저터널을 제안한 것으로도 유명합니다. 김일성 주석은 1994년 남북철도 연결 구상을 구체적으로 밝혔습니다. 경제적 이점을 강조하면서요. '평화학의 아버지'로 불리기도 하는 제 은사 요한 갈퉁 교수는 1990년대 중반부터 자기의 고국 노르웨이에서 아내의 고국 일본까지 기차로 여행하고 싶다고 했습니다. 저 역시 그의 가르침에 따라 2000년 세계일주에 나서는 일본 '평화의 배'에 올라 아시아의 섬나라 일본에서 유럽의 섬나라 영국까지 '평화의 배'가 아닌 '평화의 기차'를 타고 여행할 수 있다고 강연하면서 한일 해저터널을 얘기했고요. 그러나 한국에서는 작년부터 반일감정이 높아지면서 한일 해저터널을 부정적으로 인식하는 것 같습니다. 어떻게 생각하세요?

김수민: 문선명 선생은 평화 세계 실현을 위해서는 국가 간 경계를 허무는 것이 중요하다고 보았습니다. 문 선생의 이런 뜻은 1981년 11월 서울에서 열린 제10회 국제과학통일회의에서 '국제평화하이웨이 한일터널 구상'으로 나타납니다. 국제평화하이웨이 구상은 일본에서 유라시아 대륙을 거쳐 영국까지 자동차와 철도로 연결한다는 계획이며 한일 해저터널은 그 계획의 일부였습니다. 한일 해저터널은 일제 강점기 때 일본의 대륙 진출 일환으로 거론되었고 우리 정부수립 후에는 노태우, 김대중, 노무현 대통령도 한일 해저터널에 대해 언급한 적이 있습니다. 최근에는 부산시장 보궐 선거 과정에서 이슈가 되기도 했습니다.

아시아와 유럽이 국제평화하이웨이로 연결된다면 엄청난 경제적 파급효과를 가져올 것이고 한반도 통일은 물론 동북아시아의 긴장 완화에 큰 역할을 할 수 있을 것입니다. 문제는 한일 해저터널입니다. 한국 입장에서 보면 한일해저터널이 긍정적인 면과 함께 부정적인 면도 가지고 있습니다. 해저터널이 건설되면 일본의 대륙 진출을 도와주는 것 아니냐? 부산이 출발지가 아니라 경유지가 되기 때문에 부산항이 물류의 허브 기능을 잃게 되는 것 아니냐는 점을 우려하고 있습니다. 일본이 식민 지배를 사과하지 않는 한 우리 국민이 한일해저터널 구상을 받아들이기는 쉽지 않을 것입니다. 일본의 반성과 진솔한 사죄가 전제되어야 가능하지 않을까 생각합니다. 문선명 선생은 민족 감정을 넘어 인류공동체 실현이라는 차원에서 국제평화하이웨이와 한일 해저터널 구상을 제안한 것입니다. 뿐만 아니라 러시아의 시베리아와 미국의 알래스카를 연결하는 베링해협터널 구상도 밝혔습니다. 이 터널이 건설되면 유럽, 아시아, 남북미를 연결하게 되어 세계 평화에 크게 기여할 것입니다.

이재봉: 좋습니다. 주제를 조금 바꿔보죠. 통일교단이 1990년대 초부터 평양에서 보통강호텔을 운영해온 것으로 알고 있습니다. 1990년대 말엔 평양에 '평화자동차' 공장을 세웠고요. 호텔과 자동차공장이 성공적으로 운영되고 있는가요? 다른 대북협력사업도 있는지도 궁금합니다.

김수민: 통일교회가 추진했거나 추진하고 있는 대북 협력 사업은 여러 가지가 있습니다. 경제 협력 사업으로는 평화자동차 공장, 보통강 호텔, 세계평화센터 건립 및 운영 등이 있습니다. 평화자동차는 2002년 남포 인근 30만평 부지에 자동차 조립공장을 세웠습니다. 통일교회가 70%, 북한이 30%의 지분을 가진 남북 합작 사업이었으며 연간 3,000대의 자동차를 조립 생산하는 규모입니다. 이탈리아 피아트사의 모델을 가져와 조립 생산하는데 휘

파람, 뻐꾸기 등의 자동차 이름은 김정일 위원장이 직접 지었다고 합니다. 쌍용자동차의 체어맨을 조립해서 준마라는 이름으로 판매하기도 했습니다. 평화자동차는 남북 협력 사업의 대표 사례가 되어 2007년 정상회담 차 방북한 노무현 대통령 일행이 남포공장을 방문했으며 북한 최초로 평양 시내에 자본주의식 상업광고판을 운영해 화제가 되었습니다. 문선명 선생이 성화하신 후 통일교회 측은 평화자동차 지분을 조건 없이 북한 측에 넘겨주었습니다.

보통강호텔은 평양시 평천구역 안산동 2만 7,500여 제곱미터 부지에 세워진 9층짜리 호텔입니다. 180개의 객실을 갖춘 1급 호텔이지요. 북한이 건설한 이 호텔은 1973년부터 영업을 시작했고 1993년부터 통일교회가 인수해 운영해왔습니다. 호텔 객실에서 CNN 방송 시청이 가능한 북한 유일의 호텔이어서 평양을 방문하는 외국 주요 인사들이 자주 묵었습니다. 2007년 노무현 대통령 방북 때는 우리 측 수행원들의 숙소로 사용되기도 했습니다. 통일교회는 2013년 보통강호텔도 조건 없이 북한 당국에 기증했습니다.

2007년 5월 5일 준공한 세계평화센터는 평양 평천구역 안산동 3만 제곱미터 부지(9,075평)에 건평 2,746평의 지상 5층 지하 1층의 현대식 건물입니다. 대규모 회의나 세미나, 교육 등을 할 수 있는 시설이 있고 남북 이산가족 상봉을 위한 화상 시스템도 갖추었습니다. 3층에는 통일교회의 예배소가 자리 잡고 있습니다. 세계평화센터는 분단 이후 남측 기술진과 남측 자재로 평양에 건설된 최초의 건물이며 남측 교회가 평양에 예배 장소를 갖게 된 것도 통일교회가 처음입니다.

문선명 선생의 고향집이 있는 평안북도 정주시에 30만평의 세계평화공원 조성 사업도 진행하고 있습니다. 이 사업이 완성되면 전 세계 통일교인의 순례지가 될 것입니다. 금강산 관광 프로젝트도 있었지만 사실상 현대 측이 가로챘다고 할 수 있습니다. 경제 협력 사업 외에도 학술 문화 교류나 청년 학생 교류 등도 있습니다.

이재봉: 평화자동차와 보통강호텔을 북한에 공짜로 넘겼다니 참 대단합니다. 모르고 있었네요. 이젠 통일교가 한반도 평화와 통일 위해 북한 아니라 남한에서 벌이는 사업이나 활동이 있으면 알려주시겠어요?

김수민: 통일교회가 한반도 평화와 통일을 위해 벌이는 사업은 여러 가지가 있습니다. 먼저 한반도 평화와 통일을 위한 세계적 기반을 구축하는 것입니다. 한반도 평화와 통일을 위해서는 내부 역량이 우선이지만 외부 세계의 지지와 협력도 필요합니다. 이를

위해 정부 당국이 외교적 노력을 기울이고 있지만 당국의 손길이 미치지 않거나 관심 밖의 사항을 챙기는 일도 중요합니다. 세계 전·현직 국가수반의 모임인 '세계평화정상회의' 등을 비롯한 통일교회의 인적 물적 네트워크를 동원하여 한반도 평화와 통일에 역량을 집중하고 있습니다.

다음으로는 한반도 평화와 통일을 위한 범국민운동을 전개하는 것입니다. 이를 위해 각계각층의 의지와 역량을 묶어내는 여러 단체를 조직하여 남북통일의 당위성과 통일 한반도의 미래상 등을 교육하고 있습니다. 또 북한 바로 알기 운동을 통해 남북 간 불신의 장벽을 허물고 민족 동질성을 회복하는 노력을 기울이고 있습니다.

학술 교류로는 남북한 학자를 포함한 국제 학술회의를 중국 등지에서 개최해 상호 이해의 폭을 넓히는 일을 지속적으로 추진해 왔습니다. 남북 관계가 원활할 때는 남북의 청년 학생 교류도 빈번했습니다. 중국에서 남북의 대학생이 숙식을 함께 하며 민족 통일을 논하는 자리를 갖기도 했으나 남북 관계가 경색되면서 교류가 원활하지 못했습니다. 한국 학생의 방북이 어려워진 대신 선문대학교를 비롯한 한국 대학에 유학 중인 외국 통일교인의 북한 방문은 이어지고 있습니다.

문화 교류로는 1998년 5월 리틀 엔젤스 예술단의 방북 공연이 있었고 2000년 5월에는 평양학생소년예술단이 서울 예술의 전당에서 공연한 바 있습니다. 이 밖에도 남북 화가의 작품을 서울 등에서 전시한 적도 있습니다.

남북 분단으로 재일동포 사회도 민단과 총련으로 나뉘어 있습니다. 통일교회는 일찍부터 총련 소속 재일동포의 남한 고향 방문 사업을 추진했습니다. 민단과 총련의 화합의 자리를 마련하는 것도 중요하다고 여겨 2005년 12월에 임진각에서 조국통일 평화대행진 행사도 개최했습니다. 여기에는 재일동포를 포함하여 2만여 명이 참석했습니다.

또한 애원은행을 설립해서 소년소녀 가장 돕기와 그들을 위한 무료 식당 운영, 북한 돕기 운동 등을 전개하고 있습니다. 구체적으로는 북한에 식량과 비료 보내기, 북한 아궁이 개량 사업, 탈북 동포 돕기, 북한 동포를 위한 소득 1% 기부 운동 등을 펴고 있습니다. 규모가 크지는 않지만 작은 정성이 모아지면 굳게 닫힌 북녘 동포의 마음의 문을 열 수 있을 것입니다.

또 하나 주목할 사업으로 피스로드(Peace Road) 프로젝트가 있습니다. 이 프로젝트는 1981년 문선명 선생이 제안한 국제평화하이웨이 정신 아래, 분쟁과 갈등을 해소하고 지구촌 평화시대를 열어가자는 운동입니다. 아프리카 희망봉에서 칠레의 산티아고까지, 런던에서 뉴욕까지, 소통과 연결로 평화의 길을 잇는 전

지구적 프로젝트로서, 참여 국가별로 지정된 일시와 장소에서 자전거, 걷기, 자동차 등을 이용해 참여할 수 있습니다. 피스로드 프로젝트는 비무장지대(DMZ)에 세계평화공원을 조성하고 제5 유엔사무국을 유치하는 운동을 범세계적으로 펴고 있습니다. 유엔 사무국은 미국 뉴욕, 스위스 제네바, 오스트리아 비엔나, 케냐 나이로비에 있지만 아시아 지역에는 없습니다. 비무장지대에 유엔 사무국이 들어서면 남북의 화해와 통일에도 기여할 것으로 기대합니다. 경기도와 고양시도 유엔 사무국 유치를 추진하고 있는 것으로 알고 있습니다.

이재봉: 생각보다 아주 많은 일 해왔군요. 그러면 한반도 평화와 통일을 위해 앞으로 통일교가 다른 종교보다 더 잘 할 수 있는 역할이 있다면 어떤 것일까요?

김수민: 한반도의 평화와 통일은 특정 교단의 문제가 아니라 전 민족의 문제입니다. 사랑의 마음으로 자유롭고 정의로운 조국의 미래상에 합의할 때 남북은 불신과 증오의 장벽도 가뿐히 넘을 수 있을 것입니다. 통일교회가 타 종교보다 잘 할 수 있다기보다는 모두가 함께 할 때 한반도 평화 통일은 가능하다고 봅니다. 각자의 역량 범위 내에서 최선을 다하고 북녘의 동포를 진정으로

사랑하는 마음으로 힘을 합할 때 한반도 평화와 통일은 앞당겨질 것입니다. 지혜가 있는 사람은 지혜를, 돈이 있는 사람은 돈을, 힘이 있는 사람은 힘을 내서 우리 민족 모두가 한마음으로 나서야 할 때입니다. 통일교회도 북한 지도자와 대를 이은 신뢰 관계를 바탕으로 평화와 통일 운동에 매진할 것입니다.

이재봉: 좋은 말씀 고맙습니다. 이제 마무리 발언으로 끝낼까요?

김수민: 그동안 우리 사회 일부에서 통일교회를 이단으로 배척했지만 이는 불확실한 근거에 의한 편견 때문입니다. 이천년 전 예수님의 하소연처럼 통일교회를 믿지 아니할지라도 하는 일은 믿어주기를 바랍니다. 편견에 의한 불신과 배척은 소통을 어렵게 만들어 우리 사회의 잠재력을 크게 위축시킵니다. 통일교회에 마음을 열고 따뜻한 시선을 보내 주시면 고맙겠습니다. 세상에는 인간관계를 불편하게 하는 3마리의 개(견)가 있다고 합니다. 선입견, 편견, 참견이라고 합니다. 경청해 주셔서 감사합니다.

종교와 평화

인 쇄 일　2021년 11월 30일 초판1쇄 발행

지 은 이　이재봉·김영주·강주석·도법·원익선·노태구·김수민

펴 낸 이　이명권

펴 낸 곳　열린서원

주　　소　서울특별시 종로구 창덕궁길 117, 102호

전　　화　010-2128-1215

팩　　스　02) 6499-2363

전자우편　imkkorea@hanmail.net

등　　록　제300-2015-130호

값 12,000원

ISBN 979-11-89186-13-5　03200

※ 이 도서에 국립중앙도서관 출판사 도서목록은

　e-CRP홈페이지(http://www.nl.go.kr/ecip)에서 이용하실 수 있습니다.